INVESTMENTHANDBUCH FÜR ANFÄNGER FÜR TEENS

Leitfaden zur Finanzkompetenz und zum frühen Vermögensaufbau

Mildred M. Choate

Copyright © 2024 von Mildred M. Choate. Alle Rechte vorbehalten. Dieses Buch oder Teile davon dürfen ohne ausdrückliche schriftliche Genehmigung des Herausgebers weder reproduziert noch anderweitig verwendet werden, mit Ausnahme der Verwendung kurzer Zitate in einer Buchbesprechung.

INHALTSVERZEICHNIS

Inhaltsverzeichnis 3

Einführung 8

1. Willkommen bei Investing for Teens 9

   Die Macht des frühen Investierens 9

   Warum dieses Buch? 12

Teil I: Grundlagen des Investierens 16

2. Was ist Investieren? 17

   Definition und Grundlagen 17

   Warum frühzeitig investieren? 22

3. Finanzielle Ziele setzen 27

   Kurzfristige vs. langfristige Ziele 27

   SMART-Zielrahmen 31

4. Geld und Sparen verstehen 37

   Grundlagen der Budgetierung 37

Aufbau eines Notfallfonds 42

5. Die Magie des Zinseszinses 49

So funktioniert der Zinseszins 49

Beispiele 54

Teil II: Erste Schritte beim Investieren 59

6. Verschiedene Arten von Investitionen .. 60

Aktien, Anleihen und Investmentfonds ... 60

Börsengehandelte Fonds (ETFs) 66

Immobilien und mehr 72

7. So wählen Sie Ihre Investitionen aus 79

Risikotoleranz und Diversifikation 79

Anlagestrategien für Teenager 84

8. Eröffnung Ihres ersten Anlagekontos 89

Kontoarten (Brokerage, Roth IRA usw.) . 89

Schritt-für-Schritt-Anleitung zur Einrichtung 93

Teil III: In den Aktienmarkt investieren 99

9. Die Börse verstehen 100

   Wie Aktien funktionieren 100

   Wichtige Begriffe und Konzepte 103

10. So kaufen und verkaufen Sie Aktien ... 108

   Handelsplattformen für Teenager 108

   Platzieren Sie Ihren ersten Trade 111

11. Aktiencharts und Markttrends lesen 116

   Grundlagen der technischen Analyse 116

   Marktnachrichten interpretieren 120

Teil IV: Fortgeschrittene Anlagestrategien 126

12. Diversifikation und Vermögensallokation 127

   Ausbalancieren Ihres Portfolios 127

   Risikominderung durch Diversifikation 132

13. Investmentfonds und ETFs verstehen .. 138

Vorteile und Nachteile 138

So investieren Sie in Fonds 144

14. Einführung in Kryptowährung 149

Was ist Kryptowährung? 149

Risiken und Chancen 151

Teil V: Gute Finanzgewohnheiten aufbauen 159

15. Entwicklung eines langfristigen Investitionsplans 160

Meilensteine setzen 160

Überprüfen und Anpassen Ihres Plans ... 163

16. Informiert und weitergebildet bleiben . 170

Ressourcen für kontinuierliches Lernen 171

Markttrends verfolgen 174

Teil VI: Anwendungen aus der Praxis und Fallstudien 178

17. Wohlstand aufbauen: Die Perspektive eines Teenagers 179

Praktische Tipps von Kollegen 180

Investieren mit Schule und Leben in Einklang bringen 183

EINFÜHRUNG

1. WILLKOMMEN BEI INVESTING FOR TEENS

DIE MACHT DES FRÜHEN INVESTIERENS

In jungen Jahren zu investieren kann eine der wichtigsten finanziellen Entscheidungen sein, die Sie treffen. Deshalb ist es wichtig, früh zu investieren:

Die Magie des Zinseszinseffekts : Wenn Sie früh investieren, kann Ihr Geld vom Zinseszinseffekt profitieren. Zinseszinseffekt ist der Prozess, bei dem Ihre Anlageerträge im Laufe der Zeit zusätzliche Erträge generieren. Je früher Sie mit dem Investieren beginnen, desto länger haben Ihre Anlagen Zeit, exponentiell zu wachsen.

Langfristiges Wachstumspotenzial : Die Zeit ist auf Ihrer Seite, wenn Sie früh investieren. Selbst kleine, regelmäßig investierte Beträge können aufgrund der Zinseszinsen über mehrere Jahrzehnte hinweg erheblich wachsen. Dies kann Ihnen helfen, langfristige finanzielle Ziele zu erreichen, wie z. B. den Kauf eines Eigenheims, die Finanzierung einer Ausbildung oder einen komfortablen Ruhestand.

Learning by Doing : Wenn Sie früh mit dem Investieren beginnen, sammeln Sie wertvolle praktische Erfahrungen im Umgang mit Geld und im Verständnis der Finanzmärkte. So können Sie sowohl aus Erfolgen als auch aus Fehlern lernen und wichtige Finanzkompetenzen erwerben, die Ihnen Ihr ganzes Leben lang von Nutzen sein werden.

Aufbau finanzieller Disziplin : Frühes Investieren fördert disziplinierte Spar- und Investitionsgewohnheiten. Es vermittelt ein Verantwortungsbewusstsein und Weitsicht im Umgang mit Finanzen und legt eine solide Grundlage für zukünftigen finanziellen Erfolg.

Risiken ausnutzen : Investitionen sind zwar mit Risiken verbunden, aber wenn Sie früh anfangen, können Sie mehr Risiken eingehen und möglicherweise höhere Renditen erzielen. Auf lange Sicht gleichen sich die Höhen und Tiefen des Marktes tendenziell aus, was geduldigen Anlegern ein günstiges Risiko-Ertrags-Verhältnis bietet.

Investing for Teens möchte Ihnen das Wissen und die Werkzeuge vermitteln, die Sie benötigen, um frühzeitig mit dem Investieren zu beginnen und eine solide finanzielle Zukunft aufzubauen. Nutzen Sie die Macht des frühen Investierens und schaffen Sie sich die Grundlage für finanzielle Unabhängigkeit und Sicherheit in den kommenden Jahren.

WARUM DIESES BUCH?

„Investing for Teens" ist nicht einfach nur ein weiteres Buch über Finanzen – es ist Ihr Tor, um die Welt des Investierens schon in jungen Jahren zu verstehen und zu meistern. Aus diesen Gründen ist dieses Buch für Sie unverzichtbar:

Auf Teenager zugeschnitten : Dieses Buch ist speziell für Teenager wie Sie konzipiert, die etwas über Geldverwaltung, Anlageprinzipien und Vermögensaufbau lernen möchten. Es schlüsselt komplexe

Finanzkonzepte in leicht verständliche Sprache auf und stellt sicher, dass Sie grundlegende Ideen ohne Verwirrung erfassen.

Stärkung durch Wissen : Finanzkompetenz ist eine wichtige Fähigkeit, die vielen jungen Menschen fehlt. „Investing for Teens" vermittelt Ihnen praktisches Wissen, damit Sie fundierte Entscheidungen über Geld, Investitionen und Ihre Zukunftsplanung treffen können. Es stattet Sie mit den notwendigen Werkzeugen aus, um sich sicher in der Finanzlandschaft zurechtzufinden.

Praktische Anleitung : Egal, ob Sie neu im Bereich Investitionen sind oder Ihr Wissen vertiefen möchten, dieses Buch bietet praktische Anleitungen zum Setzen finanzieller Ziele, Auswählen von

Investitionen, Verstehen von Risiken und vielem mehr. Es enthält Beispiele aus der Praxis, Aktivitäten und Strategien, die Sie sofort anwenden können, um mit dem Vermögensaufbau zu beginnen.

Vorbereitung auf die Zukunft : Frühes Investieren schafft die Grundlage für langfristigen finanziellen Erfolg. Indem Sie diese Prinzipien jetzt lernen, legen Sie den Grundstein, von dem Sie in den kommenden Jahren profitieren werden. Dieses Buch ermutigt Sie, früh anzufangen, die Macht der Zinseszinsen zu nutzen und Ihr finanzielles Schicksal selbst in die Hand zu nehmen.

Inspiration und Motivation : Mit inspirierenden Geschichten junger Investoren und praktischen Tipps von Gleichgesinnten motiviert Sie „Investing for Teens", aktiv zu werden und noch heute mit dem Investieren zu beginnen. Es zeigt Ihnen, dass finanzielle Unabhängigkeit und Sicherheit mit dem richtigen Wissen und der richtigen Einstellung erreichbare Ziele sind.

Investieren Sie in Ihre Zukunft, indem Sie in Ihre finanzielle Bildung investieren. „Investing for Teens" ist Ihr umfassender Leitfaden, um die Kunst des Investierens zu meistern und sich auf ein finanziell erfolgreiches Leben vorzubereiten.

TEIL I: GRUNDLAGEN

DES INVESTIERENS

2. WAS IST INVESTIEREN?

DEFINITION UND GRUNDLAGEN

Beim Investieren investiert man Geld oder Kapital in ein Vorhaben mit der Erwartung, zusätzliches Einkommen oder einen Gewinn zu erzielen. Dabei kauft man Vermögenswerte, von denen man glaubt, dass sie im Laufe der Zeit an Wert gewinnen und Erträge durch Dividenden, Zinsen oder Kapitalgewinne generieren. Hier finden Sie eine Erläuterung der Definition und Grundlagen des Investierens:

Definition und Grundlagen

Beim Investieren geht es darum, Geld in verschiedene Vermögenswerte oder Wertpapiere zu investieren, mit dem

Hauptziel, Renditen zu erzielen. Zu den wichtigsten Aspekten gehören:

Zweck : Beim Investieren geht es um das Ziel, Vermögen zu vermehren oder bestimmte finanzielle Ziele zu erreichen, wie etwa die Finanzierung der Ausbildung, die Altersvorsorge oder den Aufbau eines Notgroschens.

Anlagearten : Investitionen können ein breites Spektrum an Anlageklassen umfassen, darunter:

Aktien : Eigentum an einem Unternehmen mit Potenzial für Kapitalzuwachs und Dividenden.

Anleihen : Von Regierungen oder Unternehmen ausgegebene Schuldverschreibungen, die regelmäßige

Zinszahlungen und die Rückzahlung des Kapitals vorsehen.

Investmentfonds und ETFs : Investmentfonds, die in diversifizierte Portfolios aus Aktien, Anleihen oder anderen Vermögenswerten investieren und eine breitere Streuung und professionelles Management bieten.

Risiko und Rendite : Investitionen sind mit unterschiedlichen Risiken und potenziellen Renditen verbunden. Im Allgemeinen bieten risikoreichere Investitionen möglicherweise höhere potenzielle Renditen, bergen jedoch auch ein höheres Verlustrisiko.

Zeithorizont : Die Dauer, für die Sie Investitionen halten möchten, wirkt sich auf Strategie und Risikobereitschaft aus. Längere

Zeithorizonte ermöglichen aggressivere Anlageansätze und eine potenzielle Steigerung der Renditen.

Diversifikation : Durch die Streuung der Investitionen auf unterschiedliche Anlageklassen und Sektoren lässt sich das Risiko besser steuern, da die Abhängigkeit von einzelnen Vermögenswerten oder Marktsegmenten verringert wird.

Warum es wichtig ist, Investitionen zu verstehen

Finanzielle Unabhängigkeit : Durch kluge Investitionen können Sie finanzielle Unabhängigkeit und Sicherheit erlangen und so langfristige Ziele erreichen und wirtschaftliche Unsicherheiten überstehen.

Inflationsabsicherung : Investitionen übertreffen oft die Inflation, sodass die Kaufkraft im Laufe der Zeit erhalten bleibt.

Vermögensaufbau : Auf lange Sicht kann durch diszipliniertes Investieren durch Zinseszinsen und strategische Vermögensallokation Vermögen aufgebaut werden.

Das Verständnis der Grundlagen des Investierens ist entscheidend, um fundierte Entscheidungen treffen, Risiken managen und Erträge optimieren zu können. „Investing for Teens" führt Sie durch diese Grundlagen und vermittelt Ihnen das Wissen und die Fähigkeiten, um Ihre Anlagereise mit Zuversicht und Klarheit anzutreten.

WARUM FRÜHZEITIG INVESTIEREN?

Frühes Investieren bietet zahlreiche Vorteile, die Ihre finanzielle Zukunft erheblich beeinflussen können. Hier sind überzeugende Gründe, warum es vorteilhaft ist, früh mit dem Investieren zu beginnen:

Die Kraft des Zinseszinseffekts nutzen : Je früher Sie mit dem Investieren beginnen, desto länger hat Ihr Geld Zeit, durch Zinseszinseffekt zu wachsen. Durch Zinseszinseffekt können Ihre Anlagerenditen Gewinne generieren, die reinvestiert werden, um im Laufe der Zeit noch mehr Gewinne zu erzielen. Dieses exponentielle Wachstum kann langfristig zu einer erheblichen Vermögensbildung führen.

Längerer Zeithorizont : Ein früher Start verschafft Ihnen einen längeren Anlagehorizont. Dieser längere Zeitraum ermöglicht es Ihnen, kurzfristige Marktschwankungen zu überstehen und vom allgemeinen Aufwärtstrend des Marktes zu profitieren. Außerdem können Sie damit potenziell risikoreichere, aber ertragreichere Anlagen tätigen, die über Jahrzehnte hinweg erheblich wachsen können.

Finanzielle Disziplin aufbauen : Frühes Investieren vermittelt schon in jungen Jahren finanzielle Disziplin und verantwortungsvolles Geldmanagement. Es fördert regelmäßiges Sparen und Investieren, was wichtige Gewohnheiten sind, um finanzielle Ziele zu erreichen und ein Leben lang finanzielle Stabilität zu bewahren.

Maximierung der Rendite : Frühe Investitionen haben mehr Zeit, sich von Marktrückgängen zu erholen und von Marktaufschwüngen zu profitieren. Indem Sie langfristig investiert bleiben, können Sie die Volatilität ausgleichen und potenziell höhere durchschnittliche Renditen erzielen als diejenigen, die mit der Investition warten.

Finanzielle Ziele erreichen : Frühes Investieren bringt Sie auf den richtigen Weg, um Ihre finanziellen Ziele schneller zu erreichen. Ob Sie nun für das College sparen, ein Haus kaufen oder sich ein finanzielles Polster für die Altersvorsorge aufbauen möchten – wenn Sie früh anfangen, können Sie im Laufe der Zeit die notwendigen Mittel ansparen und so die finanzielle Belastung in der Zukunft verringern.

Die Jugend ausnutzen : Als junger Anleger haben Sie den Vorteil von Zeit und Flexibilität. Sie können es sich leisten, mehr Risiken einzugehen und sich von möglichen Rückschlägen zu erholen. Ein früher Start ermöglicht es Ihnen auch, aus Ihren Anlageerfahrungen zu lernen und Ihre Strategie entsprechend anzupassen.

Inflation bekämpfen : Frühzeitiges Investieren hilft Ihnen, die Inflation zu bekämpfen, indem Sie Renditen erzielen, die die Inflationsrate übertreffen. Dadurch wird sichergestellt, dass Ihre Kaufkraft und Ihr Lebensstandard im Laufe der Zeit erhalten bleiben.

Investing for Teens ermutigt Sie, die Gelegenheit des frühen Investierens zu nutzen. Indem Sie diese Vorteile verstehen und jetzt mit dem Investieren beginnen, können Sie eine solide Grundlage für langfristigen finanziellen Erfolg und Sicherheit legen.

3. FINANZIELLE ZIELE SETZEN

KURZFRISTIGE VS. LANGFRISTIGE ZIELE

Das Setzen finanzieller Ziele ist entscheidend für ein effektives Geldmanagement und das Erreichen finanzieller Unabhängigkeit. So können Sie zwischen kurzfristigen und langfristigen Zielen unterscheiden:

Kurzfristige Ziele

Kurzfristige finanzielle Ziele erstrecken sich in der Regel über einen Zeitraum von bis zu einem Jahr. Sie konzentrieren sich auf unmittelbare Bedürfnisse und Prioritäten, wie zum Beispiel:

Notfallfonds : Aufbau eines Fonds zur Deckung unerwarteter Ausgaben wie Autoreparaturen oder Arztrechnungen.

Sparen für einen Kauf : Sparen für ein neues Gerät, einen Urlaub oder ein besonderes Ereignis.

Schulden abbauen : Kreditkartensalden oder Studienkredite begleichen, um Zinszahlungen zu reduzieren.

Kurzfristige Ziele sind konkret und erfordern in der Regel relativ geringe Geldbeträge. Sie tragen zur finanziellen Stabilität bei und reduzieren den gegenwärtigen finanziellen Stress.

Langzeit ziele

Langfristige finanzielle Ziele erstrecken sich über mehr als ein Jahr und umfassen oft Jahrzehnte. Sie konzentrieren sich auf das Erreichen wichtiger Meilensteine und die Sicherung des zukünftigen finanziellen Wohlergehens, wie zum Beispiel:

Ruhestandsplanung : Aufbau eines Ruhestands-Notgroschens, um auch nach dem Ausscheiden aus dem Berufsleben einen komfortablen Lebensstil führen zu können.

Bildungsfinanzierung : Sparen Sie für die Hochschulkosten für Sie selbst oder Ihre Kinder.

Wohneigentum : Ansparen von Geldmitteln für die Anzahlung für ein Eigenheim oder eine Immobilieninvestition.

Langfristige Ziele erfordern beständiges Sparen und Investieren über einen längeren Zeitraum. Sie betreffen in der Regel größere Geldbeträge und erfordern eine sorgfältige Planung und Strategie, um sie zu erreichen.

Bedeutung der Zielsetzung

Klarheit und Fokus: Das Setzen konkreter finanzieller Ziele hilft Ihnen dabei, Ihre Prioritäten zu klären und Ihre Bemühungen auf deren Erreichung zu konzentrieren.

Motivation : Ziele motivieren zum regelmäßigen Sparen und Investieren, insbesondere wenn der Fortschritt bei der Erreichung dieser Ziele verfolgt wird.

Finanzplanung : Das Setzen von Zielen bildet die Grundlage eines umfassenden Finanzplans und leitet Entscheidungen zur

Budgetierung, zum Sparen und zum Investieren.

Wenn Sie den Unterschied zwischen kurzfristigen und langfristigen Zielen verstehen, können Sie Ihre finanziellen Ziele priorisieren und Ressourcen effektiv zuweisen. Indem Sie klare, erreichbare Ziele setzen, können Sie den Weg zum finanziellen Erfolg ebnen und sicherstellen, dass Ihr Geld sowohl jetzt als auch in Zukunft für Sie arbeitet.

SMART-ZIELRAHMEN

Das Setzen von Zielen mithilfe des SMART-Frameworks bietet einen strukturierten Ansatz zum Erreichen finanziellen Erfolgs. SMART steht für Spezifisch, Messbar, Erreichbar, Relevant und Zeitgebunden. So können Sie die SMART-Kriterien anwenden, um effektive finanzielle Ziele festzulegen:

Spezifisch

Formulieren Sie Ihre finanziellen Ziele klar und konkret. Definieren Sie genau, was Sie erreichen möchten, einschließlich des Geldbetrags, des Zeitrahmens und des Zwecks. Zum Beispiel:

Konkretes Ziel: Sparen Sie in den nächsten 12 Monaten 5.000 $ für die Anzahlung für ein Auto.

Messbar

Stellen Sie sicher, dass Ihre Ziele quantifizierbar und messbar sind. So können Sie Ihren Fortschritt verfolgen und wissen, wann Sie Ihr Ziel erreicht haben. Verwenden Sie Zahlen oder Meilensteine, um den Erfolg zu messen. Zum Beispiel:

Messbares Ziel : Sparen Sie 400 $ pro Monat, um das 5.000 $-Ziel innerhalb von 12 Monaten zu erreichen.

Erreichbar

Setzen Sie sich realistische und erreichbare Ziele, basierend auf Ihrer aktuellen finanziellen Situation, Ihren Ressourcen und Ihrem Zeitrahmen. Berücksichtigen Sie Faktoren wie Einkommen, Ausgaben und sonstige finanzielle Verpflichtungen. Zum Beispiel:

Erreichbares Ziel : Sparen Sie 400 $ pro Monat, indem Sie Ihre Ausgaben für nicht benötigte Dinge reduzieren und zusätzliches

Einkommen aus einem Teilzeitjob bereitstellen.

Relevant

Stellen Sie sicher, dass Ihre finanziellen Ziele mit Ihrem Gesamtfinanzplan und Ihren langfristigen Zielen übereinstimmen. Ziele sollten für Ihre persönlichen Werte und Bestrebungen relevant sein. Zum Beispiel:

Relevantes Ziel : Das Sparen für ein Auto entspricht meinen Transportbedürfnissen und unterstützt meine Karriereziele.

Zeit gebunden

Legen Sie einen konkreten Zeitrahmen für das Erreichen Ihrer Ziele fest. Dies schafft Dringlichkeit und hilft Ihnen, sich darauf zu konzentrieren, Ihre Ziele innerhalb eines bestimmten Zeitraums zu erreichen. Zum Beispiel:

Zeitliches Ziel : Sparen Sie innerhalb der nächsten 12 Monate 5.000 $ für die Anzahlung für ein Auto.

Vorteile der Verwendung des SMART Frameworks

Klarheit und Fokus : Klar definierte Ziele geben die Richtung vor und konzentrieren Ihre Bemühungen auf das Wichtigste.

Motivation : Messbare Ziele und Fristen schaffen die Motivation, auf Kurs zu bleiben und Meilensteine zu erreichen.

Verantwortlichkeit : Mit SMART-Zielen sind Sie für Ihren Fortschritt verantwortlich und können Ihre Strategien bei Bedarf anpassen, um Ihre Ziele zu erreichen.

Indem Sie das SMART-Modell auf Ihre finanziellen Ziele anwenden, können Sie Ihre Ziele effektiv planen, verwalten und erreichen. Investing for Teens betont, wie wichtig es ist, SMART-Ziele zu setzen, um finanzielle Disziplin aufzubauen und den Weg für eine sichere finanzielle Zukunft zu ebnen.

4. GELD UND SPAREN VERSTEHEN

GRUNDLAGEN DER BUDGETIERUNG

Budgetierung ist eine grundlegende Finanzkompetenz, die den Grundstein für eine effektive Geldverwaltung bildet. Dabei geht es darum, einen Plan zu erstellen, wie Sie Ihr Geld ausgeben und sparen. Hier ist eine Übersicht über die Grundlagen der Budgetierung:

Was ist ein Budget?

Ein Budget ist ein Finanzplan, der Ihre Einnahmen und Ausgaben für einen bestimmten Zeitraum (normalerweise monatlich) auflistet. Es hilft Ihnen, Ihr Geld für Grundbedürfnisse, Sparziele und Ermessensausgaben zu verwenden und gleichzeitig sicherzustellen, dass Sie im Rahmen Ihrer Möglichkeiten leben.

Warum die Budgetierung wichtig ist

Finanzielles Bewusstsein : Durch die Budgetierung erhalten Sie einen klaren Überblick darüber, wo Ihr Geld hingeht, und können Ihre Ausgabegewohnheiten im Auge behalten. Es fördert die Achtsamkeit bei finanziellen Entscheidungen und verhindert übermäßige Ausgaben.

Finanzielle Ziele erreichen : Indem Sie beim Sparen Prioritäten setzen und Mittel für bestimmte Ziele zuweisen, z. B. für den Aufbau eines Notfallfonds oder das Sparen für eine größere Anschaffung, hilft Ihnen die Budgetierung dabei, finanzielle Meilensteine zu erreichen.

Schuldenmanagement : Mithilfe einer Budgetierung können Sie Mittel für Strategien zur Schuldentilgung bereitstellen, Ihre Schulden mit der Zeit abbauen und Ihre allgemeine finanzielle Gesundheit verbessern.

Notfallvorsorge : Mit einem Budget können Sie Geld für unerwartete Ausgaben zurücklegen und so sicherstellen, dass Sie über ein finanzielles Sicherheitsnetz verfügen.

So erstellen Sie ein Budget

Berechnen Sie Ihr Einkommen : Beginnen Sie mit der Identifizieren aller Einkommensquellen, einschließlich Löhne,

Zulagen und sonstiger Geldquellen, die jeden Monat eingehen.

Listen Sie Ihre Ausgaben auf : Verfolgen Sie Ihre Ausgaben, indem Sie sie in Fixkosten (z. B. Miete, Nebenkosten) und variable Kosten (z. B. Lebensmittel, Unterhaltung) kategorisieren. Schließen Sie Ersparnisse als Ausgabenkategorie ein.

Setzen Sie Prioritäten : Teilen Sie Ihr Einkommen zunächst so ein, dass es die notwendigen Ausgaben deckt, gefolgt von Ersparnissen und Ermessensausgaben. Passen Sie Ihre Ausgabengewohnheiten Ihren finanziellen Zielen entsprechend an.

Überwachen und anpassen : Überprüfen Sie Ihr Budget regelmäßig, um Ihren Fortschritt zu verfolgen und bei Bedarf Anpassungen vorzunehmen. Seien Sie flexibel und anpassungsfähig bei Änderungen bei Einnahmen oder Ausgaben.

Vorteile der Budgetierung

Finanzielle Kontrolle : Durch die Budgetierung haben Sie die Kontrolle über Ihre Finanzen und können fundierte Entscheidungen über Ausgaben und Ersparnisse treffen.

Zielerreichung : Es hilft Ihnen, kurzfristige und langfristige finanzielle Ziele zu priorisieren und zu erreichen, wie z. B. das Sparen für das College oder den Ruhestand.

Weniger Stress : Wenn Sie wissen, wohin Ihr Geld fließt und einen Plan haben, verringert sich der finanzielle Stress und Sie fühlen sich beruhigt.

Budgetierung ist eine grundlegende Fähigkeit, die die Grundlage für erfolgreiches Geldmanagement und Vermögensaufbau bildet. Wenn Sie die Grundlagen der Budgetierung beherrschen, können Sie eine solide finanzielle Grundlage schaffen und Ihr ganzes Leben lang fundierte finanzielle Entscheidungen treffen.

AUFBAU EINES NOTFALLFONDS

Ein Notfallfonds ist ein wichtiger Bestandteil der Finanzplanung und bietet ein Sicherheitsnetz für unerwartete Ausgaben oder finanzielle Engpässe. Hier finden Sie eine umfassende Anleitung zum Aufbau und zur Pflege eines Notfallfonds:

Was ist ein Notfallfonds?

Ein Notfallfonds ist ein spezielles Sparkonto, das zur Deckung unerwarteter finanzieller Notfälle oder unvorhergesehener Ausgaben eingerichtet wird. Dazu können gehören:

Medizinische Notfälle : Unerwartete Arztrechnungen oder Ausgaben, die nicht von der Versicherung gedeckt sind.

Arbeitsplatzverlust : Einkommensersatz während Zeiten der Arbeitslosigkeit oder bei unerwartetem Arbeitsplatzverlust.

Auto- oder Hausreparaturen : Größere Reparaturen oder Ersatzteile für wichtige Vermögenswerte.

Warum einen Notfallfonds einrichten?

Finanzielle Sicherheit : Ein Notfallfonds bietet Ihnen finanzielle Sicherheit und

Seelenfrieden, da Sie wissen, dass Sie über Mittel verfügen, um unerwartete Ausgaben zu bewältigen, ohne auf Kreditkarten oder Kredite angewiesen zu sein.

Vermeidung von Schulden : Ein Notfallfonds verringert die Notwendigkeit, Geld zu hohen Zinsen zu leihen, um unvorhergesehene Ausgaben zu decken, und hilft Ihnen, Ihre finanzielle Unabhängigkeit zu wahren.

Flexibilität und Stabilität : Es bietet Flexibilität bei der Verwaltung Ihrer Finanzen in unsicheren Zeiten, wie beispielsweise bei einem Konjunkturabschwung oder einer persönlichen Krise.

Wie viel sollten Sie sparen?

Finanzexperten empfehlen im Allgemeinen, drei bis sechs Monatsausgaben in Ihrem Notfallfonds anzusparen. Der angemessene Betrag kann jedoch je nach individuellen Umständen, wie Einkommensstabilität, Familiengröße und Arbeitsplatzsicherheit, variieren.

Tipps zum Aufbau eines Notfallfonds

Fangen Sie klein an : Setzen Sie sich zunächst erreichbare Sparziele, zum Beispiel anfangs 500 oder 1.000 US-Dollar zu sparen, und steigern Sie den Betrag nach und nach auf die Ausgaben für drei bis sechs Monate.

Automatisieren Sie das Sparen : Richten Sie jeden Monat automatische Überweisungen von Ihrem Gehalts- oder Girokonto auf Ihr Notfallsparkonto ein.

Priorisieren Sie das Sparen : Behandeln Sie Ihre Ersparnisse für den Notfallfonds als nicht verhandelbare Ausgabe in Ihrem Budget, genau wie Miete oder Nebenkosten.

Setzen Sie unerwartete Einnahmen sinnvoll ein : Leiten Sie unerwartete Einnahmen wie Steuerrückzahlungen oder Prämien in Ihren Notfallfonds ein, um das Sparen zu beschleunigen.

Pflege Ihres Notfallfonds

Regelmäßige Überprüfung : Überprüfen Sie Ihr Sparziel für den Notfallfonds regelmäßig und passen Sie es entsprechend den Änderungen Ihrer finanziellen Situation oder Ihrer Lebenshaltungskosten an.

Zugriff auf Gelder : Verwenden Sie Ihren Notfallfonds nur für echte Notfälle, nicht für beliebige Ausgaben oder nicht unbedingt notwendige Einkäufe.

Auffüllen nach Bedarf : Wenn Sie Mittel aus Ihrem Notfallfonds benötigen, füllen Sie diesen so schnell wie möglich wieder auf, um Ihre finanzielle Sicherheit aufrechtzuerhalten.

Vorteile eines Notfallfonds

Finanzielle Belastbarkeit : Bietet ein finanzielles Polster für unerwartete Ausgaben und

Notfälle.

Weniger Stress : Lindert die Angst vor finanzieller Unsicherheit und unerwarteten Rechnungen.

Finanzielle Unabhängigkeit : Reduziert die Abhängigkeit von Krediten und Schulden und unterstützt die langfristige finanzielle Stabilität.

Der Aufbau und die Pflege eines Notfallfonds ist ein entscheidender Schritt zur Erreichung finanzieller Sicherheit und Vorsorge. Indem Sie Ersparnisse priorisieren und einen soliden Notfallfonds einrichten, können Sie Ihr finanzielles Wohlergehen sichern und unerwartete Herausforderungen mit Zuversicht meistern.

5. DIE MAGIE DES ZINSESZINSES

SO FUNKTIONIERT DER ZINSESZINS

Zinseszinsen sind ein wirkungsvolles Konzept in der Finanzwelt, das Ihr Geld im Laufe der Zeit exponentiell wachsen lässt. Hier finden Sie eine klare Erklärung, wie Zinseszinsen funktionieren und warum sie für Ihre finanzielle Zukunft so wichtig sind:

Definition von Zinseszins

Zinseszinsen sind Zinsen, die auf das ursprüngliche Kapital und auch auf die angesammelten Zinsen früherer Perioden berechnet werden. Einfach ausgedrückt bedeutet dies, dass Sie Zinsen auf Zinsen erhalten. Dieser Zinseszinseffekt beschleunigt das Wachstum Ihrer Investitionen im Laufe der Zeit.

Schlüsselkomponenten des Zinseszinses

Kapital: Der ursprünglich investierte oder eingezahlte Geldbetrag.

Zinssatz : Der Prozentsatz, mit dem Zinsen auf den Kapitalbetrag angewendet werden.

Zeit : Der Zeitraum, über den das Geld investiert oder geliehen wird.

Beispiel für Zinseszinsen

Lassen Sie uns den Zinseszinseffekt anhand eines Beispiels veranschaulichen:

Anfangsinvestition : Sie investieren 1.000 $ in ein Sparkonto mit einem jährlichen Zinssatz von 5 %.

Jahr 1 : Am Ende des ersten Jahres ist Ihre Investition um 5 % gestiegen und bringt 50 $ Zinsen ein. Der Gesamtbetrag auf Ihrem Konto beträgt jetzt 1.050 $.

Jahr 2 : Im zweiten Jahr werden Ihre 5 % Zinsen nicht nur auf die anfänglichen 1.000 $ berechnet, sondern auch auf die zusätzlichen 50 $, die Sie im ersten Jahr verdient haben. Sie verdienen 52,50 $ Zinsen (1.050 $ * 5 %). Der Gesamtbetrag auf Ihrem Konto beträgt jetzt 1.102,50 $.

Vorteile des Zinseszinseffekts

Exponentielles Wachstum : Der Zinseszinseffekt ermöglicht Ihren

Investitionen im Laufe der Zeit ein exponentielles Wachstum, insbesondere bei einem längeren Anlagehorizont.

Passives Einkommen : Durch die Vermehrung Ihrer Investitionen generieren diese passives Einkommen durch Zinsen, Dividenden oder Kapitalgewinne, ohne dass Sie zusätzlich etwas tun müssen.

Vermögensaufbau : Wenn Sie früh mit dem Investieren beginnen und den Zinseszinseffekt über Jahrzehnte hinweg nutzen, kann dies zu einem erheblichen Vermögensaufbau und finanzieller Unabhängigkeit führen.

Strategien zur Maximierung des Zinseszinses

Beginnen Sie früh : Je früher Sie mit dem Investieren beginnen, desto länger hat Ihr Geld Zeit, sich zu vermehren und zu wachsen.

Konsequente Einzahlungen : Zahlen Sie regelmäßig in Ihre Anlagen ein, um den Zinseszinseffekt zu maximieren.

Gewinne reinvestieren : Reinvestieren Sie Dividenden, Zinsen oder Kapitalgewinne, um Ihre Erträge im Laufe der Zeit zu steigern.

Wenn Sie verstehen, wie Zinseszinsen funktionieren, können Sie fundierte Finanzentscheidungen treffen und die Vorteile für den langfristigen Vermögensaufbau nutzen. Indem Sie die

Macht der Zinseszinsen durch strategisches Investieren und konsequentes Sparen nutzen, können Sie eine solide finanzielle Grundlage schaffen und Ihre finanziellen Ziele effektiver erreichen.

BEISPIELE

Hier sind einige Szenarien, die zeigen, wie Zinseszinsen funktionieren:

Beispiel 1: Altersvorsorge

Stellen Sie sich zwei Personen vor, Alex und Beth, die beide im Alter von 25 Jahren anfangen, für den Ruhestand zu investieren. Sie zahlen jeweils jährlich 5.000 US-Dollar in ihre Altersvorsorgekonten ein, die eine durchschnittliche jährliche Rendite von 7 % erzielen. So wachsen ihre

Altersvorsorgeersparnisse im Laufe der Zeit aufgrund des Zinseszinseffekts:

Alex : Beginnt mit 25 Jahren mit dem Investieren und setzt dies bis zum Alter von 65 Jahren fort. Bis Alex das Rentenalter erreicht, hat sich durch das zusammengesetzte Wachstum seiner Investitionen ein beträchtlicher Pensionsfonds gebildet.

Beth : Verschiebt das Investieren bis zum Alter von 35 Jahren und zahlt bis zum Alter von 65 Jahren jährlich den gleichen Betrag ein. Obwohl Beth den gleichen Betrag wie Alex einzahlt, ist ihr Pensionsfonds erheblich kleiner, da ihre Investitionen weniger Zeit hatten, sich zu vermehren.

Beispiel 2: Sparen für die Hochschulausbildung

Nehmen wir zum Beispiel Sarah, eine Mutter, die bei der Geburt ihres Kindes anfängt, für dessen College-Ausbildung zu sparen. Sarah investiert jährlich 2.000 US-Dollar in ein College-Sparkonto mit einer durchschnittlichen jährlichen Rendite von 6 %. Bis ihr Kind 18 Jahre alt wird und bereit für das College ist, ist die Investition aufgrund des Zinseszinseffekts erheblich gewachsen.

Beispiel 3: Wachstum des Anlageportfolios

Ein Investor, John, beginnt mit einer Anfangsinvestition von 10.000 US-Dollar in ein diversifiziertes Portfolio aus Aktien und Anleihen. In den nächsten 20 Jahren erwirtschaftet das Portfolio eine durchschnittliche jährliche Rendite von 8 %. Die Anfangsinvestition wächst durch den

Zinseszinseffekt erheblich, was die langfristigen Vorteile strategischer Investitionen verdeutlicht.

Vorteile von Beispielen aus dem echten Leben

Visualisierung : Beispiele aus dem echten Leben machen das Konzept des Zinseszinses greifbarer und leichter verständlich.

Motivation : Das potenzielle Wachstum von Investitionen im Laufe der Zeit ermutigt Einzelpersonen, früh und konsequent mit dem Investieren zu beginnen.

Langfristige Planung : Beispiele aus der Praxis unterstreichen die Bedeutung langfristiger Planung und den Einfluss der Zeit auf das Investitionswachstum.

Beispiele aus der Praxis zeigen, dass Zinseszinsen den Vermögensaufbau im Laufe der Zeit erheblich steigern können. Indem man früh mit dem Investieren beginnt, regelmäßig Beiträge leistet und die Investitionen langfristig verzinst, kann man finanzielle Ziele wie Altersvorsorge, Bildungsfinanzierung und Vermögensaufbau erreichen. Das Verständnis und die Nutzung von Zinseszinsen sind für den Aufbau einer sicheren finanziellen Zukunft und das Erreichen langfristigen finanziellen Erfolgs unerlässlich.

TEIL II: ERSTE SCHRITTE BEIM INVESTIEREN

6. VERSCHIEDENE ARTEN VON INVESTITIONEN

AKTIEN, ANLEIHEN UND INVESTMENTFONDS

6 verschiedene Arten von Investitionen

Beim Investieren gibt es eine Vielzahl von Anlageklassen, jede mit ihren eigenen Merkmalen und potenziellen Renditen. Das Verständnis dieser Anlagearten ist entscheidend für den Aufbau eines diversifizierten Portfolios. Hier ist ein Überblick über drei Hauptarten:

Aktien, Anleihen und Investmentfonds

Aktien

Definition : Aktien repräsentieren das Eigentum an einer Unternehmen. Wenn Sie Aktien kaufen, werden Sie Aktionär und sind am Gewinn und Verlust des Unternehmens beteiligt.

Risiko und Rendite : Aktien bieten im Allgemeinen höhere potenzielle Renditen, sind jedoch aufgrund der Marktvolatilität mit einem höheren Risiko verbunden. Sie können Erträge durch Dividenden und Kapitalgewinne generieren, wenn der Aktienkurs steigt.

Anlagestrategie : Anleger kaufen Aktien häufig auf der Grundlage der Unternehmensleistung, Branchentrends und des Wachstumspotenzials. Langfristige

Anleger können Aktien halten, um von Zinseszinsen und Marktwertsteigerungen zu profitieren.

Fesseln

Definition : Anleihen sind Schuldverschreibungen, die von Regierungen oder Unternehmen zur Kapitalbeschaffung ausgegeben werden. Wenn Sie Anleihen kaufen, leihen Sie dem Emittenten Geld im Austausch für regelmäßige Zinszahlungen und die Rückzahlung des Kapitalbetrags bei Fälligkeit.

Risiko und Rendite : Anleihen gelten im Allgemeinen als risikoärmere Anlagen als Aktien. Sie bieten feste Erträge durch regelmäßige Zinszahlungen und die Rückzahlung des Kapitals bei Fälligkeit.

Anlagestrategie : Anleger wählen Anleihen auf der Grundlage von Kreditqualität, Zinssätzen und Fälligkeitsterminen aus. Anleihen können in einem Anlageportfolio für Stabilität und Einkommensgenerierung sorgen.

Investmentfonds

Definition : Investmentfonds bündeln das Geld mehrerer Anleger, um in ein diversifiziertes Portfolio aus Aktien, Anleihen oder anderen Vermögenswerten zu investieren, das von professionellen Fondsmanagern verwaltet wird.

Risiko und Rendite : Investmentfonds bieten Diversifizierung über mehrere Wertpapiere und reduzieren so das individuelle Anlagerisiko. Sie bieten potenzielle Renditen durch Kapitalzuwachs und Einkommensausschüttungen (Dividenden oder Zinsen).

Anlagestrategie : Anleger wählen Investmentfonds auf der Grundlage von Anlagezielen, Risikobereitschaft und Fondszielen (z. B. Wachstum, Einkommen, Ausgewogenheit) aus. Investmentfonds eignen sich für Anleger, die professionelles Management und Diversifizierung anstreben.

Überlegungen für Anleger

Risikotoleranz : Wenn Sie Ihre Risikotoleranz kennen, können Sie besser den Mix aus Aktien, Anleihen und Investmentfonds bestimmen, der Ihren finanziellen Zielen und Ihrem Komfortniveau entspricht.

Diversifikation : Der Aufbau eines diversifizierten Portfolios über verschiedene Anlageklassen hinweg kann Risiken mindern und potenzielle Erträge im Laufe der Zeit optimieren.

Anlagehorizont : Ihr Anlagehorizont (kurzfristig vs. langfristig) beeinflusst die Vermögensallokation und die Auswahl der Anlagestrategie.

Aktien, Anleihen und Investmentfonds sind grundlegende Investitionen, die unterschiedliche Merkmale und Vorteile bieten. Wenn Sie diese Anlagearten und ihre Rolle in einem Portfolio verstehen, können Sie eine ausgewogene und diversifizierte Anlagestrategie entwickeln, die auf Ihre finanziellen Ziele, Ihre Risikobereitschaft und Ihren Anlagehorizont zugeschnitten ist.

„Investing for Teens" führt Sie durch den Prozess der effektiven Auswahl und Verwaltung von Investitionen, um langfristigen finanziellen Erfolg zu erzielen.

BÖRSENGEHANDELTE FONDS (ETFS)

Aufgrund ihrer einzigartigen Eigenschaften und Vorteile erfreuen sich börsengehandelte Fonds (ETFs) bei Anlegern zunehmender Beliebtheit. Hier finden Sie einen umfassenden Überblick über ETFs:

Definition von ETFs

Aufbau: ETFs sind börsengehandelte Investmentfonds, die Aktien ähneln. Sie halten Vermögenswerte wie Aktien, Anleihen, Rohstoffe oder eine Kombination davon.

Eigentum : Wenn Sie in einen ETF investieren, besitzen Sie Anteile des Fonds, die einen proportionalen Anteil an den vom ETF gehaltenen Basiswerten darstellen.

Hauptmerkmale von ETFs

Diversifikation : ETFs bieten sofortige Diversifikation, indem sie einen Wertpapierkorb in einem einzigen Fonds halten. Diese Diversifikation hilft, das Risiko auf mehrere Vermögenswerte zu verteilen.

Liquidität : ETF-Anteile können den ganzen Handelstag über an den Börsen gekauft und verkauft werden, was den Anlegern Liquidität und Flexibilität bietet.

Niedrige Kosten : ETFs weisen im Vergleich zu Investmentfonds typischerweise niedrigere Kostenquoten auf, was sie für langfristige Anleger zu kostengünstigen Anlageoptionen macht.

Transparenz : ETFs legen ihre Bestände täglich offen, sodass Anleger die im Fonds gehaltenen Vermögenswerte einsehen und fundierte Anlageentscheidungen treffen können.

Arten von ETFs

Aktien-ETFs : Diese ETFs investieren in Aktien von Unternehmen innerhalb eines bestimmten Marktindex (z. B. S&P 500), Sektors (z. B. Technologie) oder einer geografischen Region (z. B. Schwellenmärkte).

Anleihen-ETFs : Anleihen-ETFs investieren in festverzinsliche Wertpapiere wie Staatsanleihen, Unternehmensanleihen oder Kommunalanleihen. Sie erwirtschaften Erträge durch Zinszahlungen.

Rohstoff-ETFs : Diese ETFs verfolgen die Preisbewegungen von Rohstoffen wie Gold, Silber, Öl oder Agrarprodukten. Sie bieten Zugang zu den Rohstoffmärkten, ohne dass man physische Vermögenswerte besitzen muss.

Sektor- und Branchen-ETFs : Sektor-ETFs konzentrieren sich auf bestimmte Wirtschaftssektoren (z. B. Gesundheitswesen, Energie) oder Branchen (z. B. Technologie, Finanzdienstleistungen).

Vorteile von ETFs

Diversifikation : ETFs bieten eine breite Diversifikation innerhalb einer einzelnen Anlage und reduzieren so das Risiko einzelner Aktien oder Sektoren.

Zugänglichkeit : ETFs können wie Aktien gehandelt werden und sind daher für Einzelanleger über Maklerkonten zugänglich.

Kosteneffizienz : Niedrigere Kostenquoten im Vergleich zu Investmentfonds reduzieren mit der Zeit die Anlagekosten und steigern die Gesamtrendite.

Überlegungen für Anleger

Risikoprofil : Verstehen Sie das mit den vom ETF gehaltenen Basiswerten verbundene Risiko und stellen Sie sicher, dass es Ihrer Risikotoleranz entspricht.

Anlageziele : Wählen Sie ETFs, die Ihren Anlagezielen entsprechen, sei es langfristiges Wachstum, Ertragsgenerierung oder Engagement in einem bestimmten Sektor.

Tracking-Fehler : Bewerten Sie die Fähigkeit des ETFs, seinen zugrunde liegenden Index oder seine Vermögenswerte genau zu verfolgen, um Tracking-Fehler zu minimieren.

Exchange-Traded Funds (ETFs) bieten Anlegern eine flexible und kostengünstige Möglichkeit, an diversifizierten Vermögensportfolios teilzunehmen. Wenn Sie die Struktur, Vorteile und Arten der verfügbaren ETFs verstehen, können Sie diese Anlageinstrumente in Ihr Portfolio integrieren, um eine Diversifizierung zu erreichen, Risiken zu managen und Ihre finanziellen Ziele effektiv zu verfolgen. Investing for Teens stellt ETFs als wertvolle Anlageoption vor und betont ihre Rolle beim Aufbau einer diversifizierten Anlagestrategie für langfristigen finanziellen Erfolg.

IMMOBILIEN UND MEHR

Investitionen in Immobilien und andere alternative Anlagen bieten Möglichkeiten zur Diversifizierung und Einkommensgenerierung, die über traditionelle Aktien und Anleihen hinausgehen. Hier ist ein Überblick über Immobilien und andere alternative Anlagemöglichkeiten:

Immobilieninvestitionen

Definition : Bei Immobilieninvestitionen handelt es sich um den Kauf, Besitz und die

Verwaltung von Immobilien mit der Erwartung, im Laufe der Zeit Erträge zu erwirtschaften oder eine Wertsteigerung zu erzielen.

Arten von Immobilieninvestitionen:

Mietobjekte : Besitz von Wohn- oder Gewerbeimmobilien zur Erzielung von Mieteinnahmen.

Real Estate Investment Trusts (REITs): Börsennotierte Unternehmen, die einkommensgenerierende Immobilien besitzen, betreiben oder finanzieren.

Immobilien-Crowdfunding : Investition in Immobilienprojekte oder Immobilien über Online-Plattformen, oft mit niedrigeren Mindestinvestitionsbeträgen.

Vorteile:

Einkommensgenerierung : Mietobjekte und REITs sorgen für regelmäßiges Einkommen durch Mietzahlungen oder Dividenden.

Wertsteigerung : Der Wert von Immobilien kann im Laufe der Zeit steigen, wodurch sich der Wert Ihrer Investition erhöht.

Diversifikation : Immobilien bieten Diversifikationsvorteile, da ihre Performance möglicherweise nicht mit den traditionellen Finanzmärkten korreliert.

Überlegungen:

Liquidität : Immobilieninvestitionen können im Vergleich zu Aktien oder Anleihen weniger liquide sein, da ihr Verkauf einige Zeit in Anspruch nehmen kann.

Instandhaltung und Verwaltung : Der direkte Besitz von Immobilien erfordert laufende Instandhaltungs- und Verwaltungsaufgaben.

Marktrisiken : Immobilienmärkte können durch wirtschaftspolitische Rahmenbedingungen, Zinssätze und die Dynamik des lokalen Marktes beeinflusst werden.

Andere alternative Anlagen

Rohstoffe : Investitionen in physische Güter wie Gold, Silber, Öl oder landwirtschaftliche Produkte.

Private Equity : Investitionen in private Unternehmen oder Unternehmungen, die nicht an öffentlichen Börsen gehandelt werden.

Hedgefonds : Investmentfonds, die verschiedene Strategien zur Erzielung von Erträgen anwenden, oft mit höherem Risiko und potenziellem Ertrag.

Risikokapital : Investition in junge Unternehmen mit hohem Wachstumspotenzial im Austausch für Eigenkapitalbeteiligungen.

Vorteile:

Diversifikation : Alternative Anlagen können Diversifikationsvorteile bieten, indem sie das Risiko auf verschiedene Anlageklassen verteilen.

Potenzielle Renditen : Einige alternative Anlagen bieten höhere potenzielle Renditen als traditionelle Vermögenswerte.

Absicherung gegen Inflation: Rohstoffe und Sachwerte können als Absicherung gegen Inflationsdruck dienen.

Überlegungen:

Risikoprofil : Alternative Anlagen sind aufgrund geringerer Regulierung, Marktvolatilität oder Illiquidität häufig mit höheren Risiken verbunden.

Komplexität : Das Verständnis und die Bewertung alternativer Investitionen kann Fachwissen oder professionelle Beratung erfordern.

Anlagehorizont : Alternative Anlagen können im Vergleich zu traditionellen Vermögenswerten längere Anlagehorizonte oder Sperrfristen haben.

Die Diversifizierung Ihres Anlageportfolios mit Immobilien und alternativen Anlagen kann die potenziellen Erträge steigern und das Risiko durch die Exposition gegenüber verschiedenen Anlageklassen mindern. Wenn Sie die Eigenschaften, Vorteile und Überlegungen zu Immobilien, Rohstoffen, Private Equity und anderen alternativen Anlagen verstehen, können Sie eine umfassende Anlagestrategie entwickeln, die Ihren finanziellen Zielen und Ihrer Risikobereitschaft entspricht. Investing for Teens stellt diese Anlageoptionen vor und hebt ihre Rolle bei der Erstellung eines diversifizierten Portfolios für langfristiges finanzielles Wachstum und Stabilität hervor.

7. SO WÄHLEN SIE IHRE INVESTITIONEN AUS

RISIKOTOLERANZ UND DIVERSIFIKATION

Bei der Auswahl der richtigen Investitionen müssen verschiedene Faktoren wie Risikobereitschaft, Diversifizierungsstrategien und spezifische Anlageziele berücksichtigt werden. In diesem Abschnitt werden wichtige Überlegungen und Strategien untersucht, die Jugendlichen dabei helfen sollen, fundierte Anlageentscheidungen zu treffen.

Risikotoleranz verstehen

Die Risikotoleranz bezieht sich auf Ihre Fähigkeit und Bereitschaft, Wertschwankungen Ihrer Anlagen zu ertragen. Sie wird von Faktoren wie Alter, finanziellen Zielen, Anlagehorizont und persönlicher Akzeptanz von Marktvolatilität beeinflusst.

Einschätzung der Risikobereitschaft : Bestimmen Sie Ihre Risikobereitschaft, indem Sie bewerten, wie wohl Sie mit der Möglichkeit von Anlageverlusten umgehen können. Berücksichtigen Sie dabei Ihre finanzielle Stabilität, Ihre Anlageerfahrung und Ihre emotionale Reaktion auf Marktschwankungen.

Risikokategorien:

Konservativ : Bevorzugt Anlagen mit geringerem Risiko und Potenzial für stabile, bescheidene Erträge. Kapitalerhalt hat Vorrang vor Wachstum.

Moderat : Akzeptiert ein gewisses Risiko für höhere potenzielle Erträge, ausgeglichen durch Stabilität und Ertragsgenerierung.

Aggressiv : Bereit, erhebliche Risiken für potenziell höhere Renditen einzugehen, wobei der Schwerpunkt eher auf Wachstum als auf Stabilität liegt.

Auswirkungen auf die Anlageentscheidung : Ihre Risikobereitschaft beeinflusst die Art der von Ihnen gewählten Anlagen.

Konservative Anleger bevorzugen möglicherweise Anleihen oder dividendenzahlende Aktien, während aggressive Anleger Wachstumsaktien oder alternative Anlagen bevorzugen.

Bedeutung der Diversifikation

Diversifikation ist eine Strategie, die das Anlagerisiko auf verschiedene Anlageklassen, Branchen oder geografische Regionen verteilt. Ziel ist es, die Auswirkungen der Marktvolatilität auf Ihr Portfolio zu minimieren und potenzielle Erträge zu optimieren.

Vorteile der Diversifizierung:

Risikominderung : Durch die Diversifizierung Ihrer Investitionen verringern Sie das Risiko erheblicher

Verluste aus einem einzelnen Vermögenswert oder Marktsektor.

Wachstumspotenzial : Durch die Investition in verschiedene Anlageklassen können Sie Chancen in unterschiedlichen Marktbedingungen und Sektoren nutzen.

Stabile Erträge : Durch Diversifizierung kann die Portfolio-Performance im Zeitverlauf ausgeglichen werden, indem die Höhen und Tiefen einzelner Investitionen ausgeglichen werden.

Strategien zur Diversifizierung :

Vermögensaufteilung : Verteilen Sie Ihre Investitionen auf der Grundlage Ihrer Risikobereitschaft und Ihrer Anlageziele auf Anlageklassen wie Aktien, Anleihen, Immobilien und Zahlungsmitteläquivalente.

Sektor- und Branchendiversifizierung : Verteilen Sie Investitionen auf verschiedene Sektoren (z. B. Technologie, Gesundheitswesen), um das sektorspezifische Risiko zu reduzieren.

Internationale Diversifizierung : Erwägen Sie Investitionen in globale Märkte, um von der geografischen Diversifizierung und der Präsenz in unterschiedlichen Volkswirtschaften zu profitieren.

ANLAGESTRATEGIEN FÜR TEENAGER

Langfristige Wachstumsstrategien

Wenn es um Investitionen geht, haben Jugendliche den Vorteil, dass ihnen Zeit bleibt, was es ihnen ermöglicht, langfristige Wachstumsstrategien zu verfolgen, die von

Zinseszinsen und Marktwertsteigerungen profitieren.

Früh anfangen : Beginnen Sie früh mit dem Investieren, um den Zinseszinseffekt im Laufe der Zeit zu nutzen. Selbst kleine Beiträge können durch jahrzehntelanges Zinseszinswachstum erheblich wachsen.

Fokus auf Qualität : Investieren Sie in hochwertige Unternehmen mit starken Fundamentaldaten, stetigem Gewinnwachstum und Wettbewerbsvorteilen in ihren Branchen.

Dollar-Cost-Averaging : Investieren Sie regelmäßig (z. B. monatlich oder vierteljährlich) einen festen Betrag, unabhängig von den Marktbedingungen. Diese Strategie hilft, die Auswirkungen der

Marktvolatilität auszugleichen und potenziell die durchschnittlichen Kosten pro Aktie im Laufe der Zeit zu senken.

Diversifizierter Portfolioansatz

Der Aufbau eines diversifizierten Portfolios, das auf Ihre Risikobereitschaft und Anlageziele zugeschnitten ist, ist für den langfristigen Anlageerfolg von entscheidender Bedeutung.

Mix aus Anlageklassen : Verteilen Sie Ihre Investitionen auf Aktien, Anleihen, ETFs und möglicherweise alternative Anlagen, um eine Diversifizierung zu erreichen und das Risiko auszugleichen.

Neugewichtung : Überprüfen und balancieren Sie Ihr Portfolio regelmäßig neu, um die gewünschten Prozentsätze der

Vermögensaufteilung beizubehalten und sich an veränderte Marktbedingungen oder Anlageziele anzupassen.

Bildung und Forschung

Kontinuierliches Lernen : Bleiben Sie mithilfe seriöser Quellen, Bücher und Lehrmaterialien über Finanzmärkte, Anlagestrategien und Wirtschaftstrends auf dem Laufenden .

Beratung suchen : Ziehen Sie die Konsultation eines Finanzberaters oder Mentors in Betracht, um Erkenntnisse zu gewinnen, Ihre Anlagestrategie zu verfeinern und fundierte Entscheidungen im Einklang mit Ihren Zielen zu treffen.

Bei der Auswahl von Investitionen geht es darum, Ihre Risikobereitschaft zu verstehen,

Diversifizierungsstrategien umzusetzen und Anlageinstrumente auszuwählen, die Ihren finanziellen Zielen und Ihrem Zeithorizont entsprechen. Für Teenager kann die Konzentration auf langfristiges Wachstum, die Diversifizierung über verschiedene Anlageklassen hinweg und die Beibehaltung eines disziplinierten Anlageansatzes die Grundlage für finanzielle Unabhängigkeit und Vermögensaufbau im Laufe der Zeit legen. Durch die Anwendung dieser Prinzipien können Teenager die Komplexität des Investierens mit Zuversicht meistern und ein diversifiziertes Portfolio aufbauen, das ihre zukünftigen finanziellen Bestrebungen unterstützt.

8. ERÖFFNUNG IHRES ERSTEN ANLAGEKONTOS

KONTOARTEN (BROKERAGE, ROTH IRA USW.)

Die Eröffnung Ihres ersten Anlagekontos ist ein wichtiger Schritt zum Erreichen Ihrer finanziellen Ziele und zum Vermögensaufbau. Dieser Abschnitt bietet einen Überblick über verschiedene Arten von Anlagekonten und eine Schritt-für-Schritt-Anleitung zum Einrichten Ihres Kontos.

Brokerage-Konten

Definition : Ein Brokerage-Konto ist eine Art Anlagekonto, das Ihnen den Kauf und Verkauf verschiedener Anlagen wie Aktien, Anleihen, Investmentfonds, ETFs und mehr ermöglicht.

Merkmale:

Flexibilität : Sie haben die Flexibilität, basierend auf Ihren finanziellen Zielen und Ihrer Risikobereitschaft aus einer breiten Palette von Anlageoptionen zu wählen.

Handel : Sie können aktiv mit Anlagen handeln, die Marktentwicklung überwachen und Ihr Portfolio nach Bedarf anpassen.

Kosten : Für Maklerkonten können Provisionen oder Gebühren für den Handel anfallen. Vergleichen Sie daher die Kosten verschiedener Maklerfirmen.

Roth IRA (Individuelles Altersvorsorgekonto)

Definition : Ein Roth IRA ist ein Altersvorsorgekonto, das steuerfreies Wachstum Ihrer Investitionen bietet. Beiträge werden mit versteuerten Dollars geleistet und Abhebungen im Ruhestand sind unter bestimmten Bedingungen in der Regel steuerfrei.

Merkmale:

Steuervorteile : Investitionen wachsen steuerfrei und qualifizierte Abhebungen im Ruhestand sind steuerfrei.

Beitragsgrenzen : Beitragsgrenzen gelten je nach Einkommenshöhe und Alter, wobei die jährlichen Beitragsgrenzen vom IRS festgelegt werden.

Flexibilität : Obwohl Roth IRAs für die Altersvorsorge konzipiert sind, ermöglichen sie für bestimmte Zwecke die straffreie Abhebung von Beiträgen (nicht von Erträgen) vor dem Rentenalter.

Traditionelle IRA

Definition : Ein traditionelles IRA ist eine andere Art von Altersvorsorgekonto, das steuerfreies Wachstum der Investitionen bietet. Beiträge können steuerlich absetzbar sein und Steuern werden im Allgemeinen aufgeschoben, bis im Ruhestand Abhebungen vorgenommen werden.

Merkmale:

Steuerliche Absetzbarkeit : Beiträge können je nach Einkommenshöhe und ob Sie oder Ihr Ehepartner durch einen vom Arbeitgeber geförderten Rentenplan abgesichert sind, steuerlich absetzbar sein.

Erforderliche Mindestausschüttungen (RMDs): Ab dem Alter von 72 Jahren müssen Sie RMDs von einem traditionellen IRA entnehmen, die als normales Einkommen steuerpflichtig sind.

Strafen bei vorzeitiger Abhebung : Bei Abhebungen vor dem Alter von 59½ Jahren können, mit bestimmten Ausnahmen, Steuern und Strafen anfallen.

SCHRITT-FÜR-SCHRITT-ANLEITUNG ZUR EINRICHTUNG

1. Bestimmen Sie Ihre Anlageziele

Ziele definieren : Klären Sie Ihre finanziellen Ziele, ob es sich nun um die Altersvorsorge, den Vermögensaufbau oder das Erreichen bestimmter finanzieller Meilensteine handelt.

2. Recherchieren und wählen Sie einen geeigneten Kontotyp

Optionen prüfen : Berücksichtigen Sie Ihre Risikobereitschaft, Ihren Anlagezeitplan und steuerliche Aspekte, wenn Sie zwischen Maklerkonten, Roth IRAs, traditionellen IRAs oder anderen Kontotypen wählen.

3. Wählen Sie ein Finanzinstitut

Anbieter vergleichen : Recherchieren Sie nach seriösen Maklerfirmen, Banken oder Finanzinstituten, die die von Ihnen gewählte Art von Anlagekonto anbieten.

4. Benötigte Dokumente zusammentragen

Identifikation : Bereiten Sie persönliche Ausweisdokumente wie einen Führerschein oder einen Reisepass vor.

Steuerinformationen : Geben Sie Steueridentifikationsnummern oder Sozialversicherungsnummern für die Steuererklärung an.

5. Kontoantrag ausfüllen

Formulare ausfüllen : Füllen Sie den Kontoantrag Ihres gewählten Finanzinstituts aus.

Finanzieren Sie Ihr Konto : Zahlen Sie Geld auf Ihr Konto ein, entweder per elektronischer Überweisung, per Scheckeinzahlung oder per Überweisung von einem anderen berechtigten Konto.

6. Kontoeinrichtung prüfen und bestätigen

Details überprüfen : Überprüfen Sie die Kontobedingungen, Gebühren und Anlageoptionen, bevor Sie die Einrichtung Ihres Kontos abschließen.

Einzahlung bestätigen : Stellen Sie sicher, dass Ihre erste Einzahlung eingegangen und Ihrem Konto gutgeschrieben wurde.

7. Beginnen Sie zu investieren

Wählen Sie Investitionen aus : Wählen Sie bestimmte Investitionen basierend auf Ihrer Anlagestrategie und Ihren Präferenzen für die Vermögensallokation aus.

Überwachen Sie Ihr Portfolio : Überprüfen Sie regelmäßig Ihre Investitionen, verfolgen Sie die Performance und nehmen Sie bei Bedarf Anpassungen vor, um Ihre finanziellen Ziele im Auge zu behalten.

Um Ihr erstes Anlagekonto zu eröffnen, müssen Sie die verschiedenen Kontotypen kennen, Ihre Anlageziele und Risikobereitschaft bewerten und Schritt für Schritt vorgehen, um Ihr Konto einzurichten. Egal, ob Sie sich für ein Brokerage-Konto, ein Roth IRA, ein traditionelles IRA oder ein anderes Anlageinstrument entscheiden, ein früher Beginn und konsequentes Investieren können zu langfristigem finanziellen Wachstum und Vermögensaufbau führen. Indem Sie diese Schritte unternehmen und sich über Anlageoptionen und -strategien informieren, können Sie mit dem Aufbau eines diversifizierten Portfolios beginnen, das Ihren finanziellen Ambitionen entspricht und Sie auf zukünftigen finanziellen Erfolg vorbereitet.

# TEIL III: IN DEN AKTIENMARKT INVESTIEREN

9. DIE BÖRSE VERSTEHEN

WIE AKTIEN FUNKTIONIEREN

Für Anleger, die an Aktieninvestitionen teilnehmen möchten, ist es wichtig, die Börse zu verstehen. Dieser Abschnitt bietet Einblicke in die Funktionsweise von Aktien sowie wichtige Begriffe und Konzepte im Zusammenhang mit der Börse.

Definition und Grundlagen

Aktien : Aktien, auch Anteile oder Wertpapiere genannt, stellen Eigentumsrechte an einem Unternehmen dar. Wenn Sie eine Aktie kaufen, werden Sie Aktionär und besitzen einen Teil des Vermögens und der Erträge des Unternehmens.

Primärmarkt : Unternehmen geben Aktien im Rahmen von Börsengängen (IPOs) aus, um Kapital von Anlegern zu beschaffen.

Sekundärmarkt : Nach dem Börsengang werden Aktien an Börsen wie der New York Stock Exchange (NYSE) oder NASDAQ gehandelt, wo Anleger untereinander Aktien kaufen und verkaufen.

Aktienbesitz

Rechte und Vorteile : Aktionäre haben Stimmrechte bei Unternehmensentscheidungen, beispielsweise bei der Wahl von Vorstandsmitgliedern und der Genehmigung wichtiger Unternehmensrichtlinien.

Dividenden : Einige Unternehmen schütten einen Teil ihrer Gewinne als Dividenden an die Aktionäre aus und sorgen so für eine regelmäßige Einnahmequelle.

Aktienkursbewegung

Angebot und Nachfrage : Die Aktienkurse schwanken aufgrund der Angebots- und Nachfragedynamik auf dem Markt.

Marktkräfte : Zu den Faktoren, die die Aktienkurse beeinflussen, zählen Unternehmensleistung, wirtschaftliche Lage, Branchentrends und Anlegerstimmung.

Risiken und Chancen

Wachstumspotenzial : Aktien bieten das Potenzial für eine Wertsteigerung, da die

Unternehmensgewinne wachsen und die Aktienkurse steigen.

Verlustrisiko : Aktien unterliegen der Marktvolatilität und die Preise können aufgrund verschiedener Faktoren, einschließlich Konjunkturabschwüngen oder unternehmensspezifischer Probleme, fallen.

WICHTIGE BEGRIFFE UND KONZEPTE

Marktindizes

Definition : Marktindizes wie der S&P 500 oder der Dow Jones Industrial Average (DJIA) messen die Performance einer bestimmten Gruppe von Aktien oder des gesamten Aktienmarktes.

Benchmarking : Anleger verwenden Indizes als Benchmarks, um die Portfolio-Performance im Vergleich zum Gesamtmarkt zu bewerten.

Börse

Definition: Eine Börse ist ein Marktplatz, auf dem Aktien und andere Wertpapiere gekauft und verkauft werden.

Funktionen : Wertpapierbörsen bieten Liquidität, Preistransparenz und eine Plattform für Unternehmen, um durch öffentliche Angebote Kapital zu beschaffen.

Marktaufträge vs. Limitaufträge

Marktaufträge : Ein Marktauftrag weist einen Makler an, eine Aktie zum aktuellen Marktpreis zu kaufen oder zu verkaufen.

Dadurch ist die Ausführung gewährleistet, jedoch keine Preissicherheit.

Limit Orders : Eine Limit Order gibt einen Preis an, zu dem eine Aktie gekauft oder verkauft werden soll. Sie garantiert Preissicherheit, aber keine Ausführung, wenn der Marktpreis das angegebene Limit nicht erreicht.

Bullen- vs. Bärenmärkte

Bullenmarkt : Ein Bullenmarkt ist durch steigende Aktienkurse und Optimismus der Anleger hinsichtlich des zukünftigen Wirtschaftswachstums gekennzeichnet.

Bärenmarkt : Ein Bärenmarkt bezieht sich auf sinkende Aktienkurse und Pessimismus der Anleger, oft begleitet von einer wirtschaftlichen Rezession oder einem Abschwung.

Für Anleger, die durch Aktieninvestitionen Vermögen aufbauen möchten, ist es von grundlegender Bedeutung, zu verstehen, wie Aktien funktionieren, und sich mit den wichtigsten Begriffen und Konzepten der Börse vertraut zu machen. Wenn Anleger die Grundlagen des Aktienbesitzes, der Preisbewegungen, Marktindizes, Handelsaufträge und Marktzyklen verstehen, können sie fundierte Entscheidungen treffen, Risiken effektiv managen und Chancen in der dynamischen Welt der Börseninvestitionen nutzen. Wenn Sie sich kontinuierlich weiterbilden und über Markttrends und -entwicklungen auf dem Laufenden bleiben, können Sie sich in den Komplexitäten der

Börse zurechtfinden und Ihre langfristigen finanziellen Ziele erreichen.

10. SO KAUFEN UND VERKAUFEN SIE AKTIEN

HANDELSPLATTFORMEN FÜR TEENAGER

Der Kauf und Verkauf von Aktien ist ein grundlegender Aspekt der Investition an der Börse. Dieser Abschnitt enthält Hinweise zu Handelsplattformen für Jugendliche und den schrittweisen Ablauf bei Ihrem ersten Aktienhandel.

Definition und Funktionen

Handelsplattformen : Handelsplattformen sind von Maklerfirmen bereitgestellte Softwareanwendungen, die es Anlegern ermöglichen, Aktien, ETFs und andere Wertpapiere zu kaufen und zu verkaufen.

Funktionen : Zu den Hauptfunktionen von Handelsplattformen für Jugendliche können gehören:

Benutzerfreundliche Oberfläche : Intuitive Plattformen für einfache Bedienung, geeignet für Anfänger.

Bildungsressourcen : Zugriff auf Bildungsmaterialien, Tutorials und Tools, die Teenagern dabei helfen, etwas über Investitionen zu lernen.

Kontoverwaltung : Funktionen zum Verwalten von Konten, Verfolgen von Investitionen und Überwachen der Portfolioperformance.

Beispiele für Handelsplattformen

Robinhood : Bekannt für seine benutzerfreundliche Oberfläche und den provisionsfreien Handel mit Aktien, ETFs, Optionen und Kryptowährungen.

Acorns : Bietet automatisierte Anlage- und Aufrundungsfunktionen zum einfachen Sparen und Investieren in diversifizierte Portfolios.

Webull : Bietet erweiterte Handelstools, Marktdaten in Echtzeit und provisionsfreien Handel mit Aktien und ETFs.

thinkorswim von TD Ameritrade : Bietet eine umfassende Handelsplattform mit erweiterten Charttools, Recherche- und Bildungsressourcen.

PLATZIEREN SIE IHREN ERSTEN TRADE

Schritt für Schritt Anleitung

Wählen Sie Ihre Handelsplattform:

Wählen Sie eine Handelsplattform, die Ihren Bedürfnissen und Vorlieben entspricht. Berücksichtigen Sie Faktoren wie Gebühren, Funktionen und verfügbare Investitionen.

Eröffnen Sie Ihr Konto und zahlen Sie Geld ein :

Schließen Sie den Kontoeröffnungsprozess ab, einschließlich der Angabe persönlicher

Informationen und der Finanzierung Ihres Kontos mit einer ersten Einzahlung.

Recherchieren und eine Aktie auswählen:

Führen Sie mithilfe der Recherchetools, Marktdaten und Bildungsressourcen der Plattform Aktienrecherchen durch.

Berücksichtigen Sie Faktoren wie Unternehmensleistung, finanzielle Gesundheit, Branchentrends und Analystenbewertungen.

Eine Bestellung aufgeben:

Navigieren Sie zum Handelsbereich der Plattform und wählen Sie „Kaufen" oder „Handeln" für die Aktie, die Sie kaufen möchten.

Geben Sie die Anzahl der Aktien ein, die Sie kaufen möchten, und geben Sie an, ob es sich um eine Market Order oder eine Limit Order handelt.

Bestelldetails überprüfen :

Überprüfen Sie die Bestelldetails, einschließlich Lagersymbol, Menge, Preis und Gesamtkosten.

Vergewissern Sie sich vor dem Absenden Ihrer Bestellung, dass alle Angaben korrekt sind.

Überwachen und verwalten Sie Ihren Handel :

Überwachen Sie nach der Auftragserteilung die Ausführung Ihrer Bestellung und verfolgen Sie die

Performance in Ihrem Portfolio.

Erwägen Sie die Einrichtung von Warnmeldungen oder Stop-Loss-Orders, um das Risiko zu steuern und Ihre Investitionen zu schützen.

Tipps für erfolgreiches Trading

Fangen Sie klein an : Beginnen Sie mit einem kleinen Anlagebetrag, um Erfahrung und Vertrauen im Handel zu gewinnen.

Diversifizieren : Vermeiden Sie es, Ihr gesamtes Kapital in eine einzige Aktie zu investieren. Streuen Sie Ihre Investitionen auf verschiedene Aktien oder Anlageklassen, um das Risiko zu steuern.

Bilden Sie sich weiter : Informieren Sie sich kontinuierlich über Anlagestrategien,

Markttrends und Finanzkonzepte, um fundierte Entscheidungen treffen zu können.

Der Kauf und Verkauf von Aktien über Handelsplattformen ermöglicht es Teenagern, an der Börse teilzunehmen und schon in jungen Jahren mit dem Vermögensaufbau zu beginnen. Durch die Auswahl einer geeigneten Handelsplattform, gründliche Recherche und einen strukturierten Ansatz beim Handel können Teenager wichtige Anlagefähigkeiten entwickeln und den Grundstein für langfristigen finanziellen Erfolg legen. Die Nutzung von Bildungsressourcen, das Auf dem Laufenden bleiben über Marktentwicklungen und das Praktizieren disziplinierter Anlagegewohnheiten tragen dazu bei, ein diversifiziertes Portfolio aufzubauen und im Laufe der Zeit finanzielle Ziele zu erreichen.

11. AKTIENCHARTS UND MARKTTRENDS LESEN

GRUNDLAGEN DER TECHNISCHEN ANALYSE

Um fundierte Anlageentscheidungen treffen zu können, ist es wichtig, Aktiencharts zu lesen und Markttrends zu interpretieren. In diesem Abschnitt werden die Grundlagen der technischen Analyse behandelt und Einblicke in die Interpretation von Marktnachrichten gegeben, um sich effektiv an der Börse zurechtzufinden.

Grundlagen der technischen Analyse

Bei der technischen Analyse werden historische Preis- und Volumendaten analysiert, um zukünftige Preisbewegungen von Aktien und anderen Finanzinstrumenten vorherzusagen. Dabei wird davon ausgegangen, dass sich Markttrends und -muster im Laufe der Zeit wiederholen, sodass Anleger potenzielle Kauf- und Verkaufsgelegenheiten erkennen können. Hier sind die wichtigsten Komponenten der technischen Analyse:

1. Preisdiagramme

Diagrammtypen : Zu den gängigen Typen gehören Liniendiagramme, Balkendiagramme und Kerzendiagramme.

Zeitrahmen : Diagramme können Preisbewegungen über verschiedene

Zeitrahmen wie Minuten, Stunden, Tage, Wochen oder Monate anzeigen.

Trendlinien : Trendlinien werden verwendet, um die Richtung und Stärke von Preistrends zu identifizieren. Ein Aufwärtstrend ist durch höhere Hochs und höhere Tiefs gekennzeichnet, während ein Abwärtstrend niedrigere Hochs und niedrigere Tiefs aufweist.

2. Technische Indikatoren

Gleitende Durchschnitte : Gleitende Durchschnitte glätten Preisdaten, um Trends zu erkennen, indem sie Rauschen durch zufällige Preisschwankungen herausfiltern.

Relative Strength Index (RSI) : Der RSI misst die Geschwindigkeit und Veränderung von Preisbewegungen, um überkaufte oder überverkaufte Bedingungen zu bestimmen.

MACD (Moving Average Convergence Divergence) : MACD zeigt Änderungen im Trend einer Aktie durch den Vergleich zweier gleitender Durchschnitte an.

3. Unterstützungs- und Widerstandsniveaus

Unterstützung : Unterstützungsniveaus sind Preisniveaus, bei denen eine Aktie tendenziell auf Kaufinteresse stößt und so einen weiteren Rückgang verhindert.

Widerstand : Widerstandsniveaus sind Preisniveaus, bei denen eine Aktie tendenziell einem Verkaufsdruck ausgesetzt ist, der einen weiteren Anstieg verhindert.

4. Chartmuster

Gängige Muster : Muster wie Kopf und Schultern, doppelte Spitzen/Böden, Dreiecke und Flaggen geben Aufschluss über mögliche Preisumkehrungen oder die Fortsetzung von Trends.

MARKTNACHRICHTEN INTERPRETIEREN

Zur Interpretation von Marktnachrichten gehört die Analyse von Pressemitteilungen, Wirtschaftsberichten, Unternehmensankündigungen und geopolitischen Ereignissen, die sich auf Aktienkurse und Marktstimmung auswirken. So interpretieren Sie Marktnachrichten effektiv:

1. Ökonomische Indikatoren

Wichtige Berichte : Achten Sie auf Berichte wie BIP-Wachstum, Beschäftigungsdaten (z. B. Beschäftigte außerhalb der Landwirtschaft), Inflation (VPI) und Verbrauchervertrauensindizes.

Auswirkungen auf die Märkte : Positive Wirtschaftsindikatoren können zu einer optimistischen Marktstimmung führen, während negative Daten pessimistische Reaktionen auslösen können.

2. Unternehmensgewinnberichte

Quartalsberichte : Börsennotierte Unternehmen veröffentlichen vierteljährlich Ergebnisberichte mit detaillierten Angaben zur finanziellen Entwicklung, zum Umsatz, zum Gewinn pro Aktie (EPS) und zu den Zukunftsprognosen.

Marktreaktion : Aktienkurse reagieren häufig stark auf Ergebnisberichte. Besser als erwartete Ergebnisse treiben typischerweise die Aktienkurse in die Höhe und umgekehrt.

3. Geopolitische Ereignisse

Auswirkungen auf die Märkte : Ereignisse wie Wahlen, Handelsspannungen, geopolitische Konflikte und politische Entscheidungen können die globalen Märkte und das Vertrauen der Anleger beeinflussen.

Sektorspezifische Auswirkungen : Bestimmte Sektoren wie Energie oder Technologie reagieren möglicherweise empfindlicher auf bestimmte geopolitische Ereignisse.

4. Marktstimmung und Anlegerpsychologie

Angst und Gier : Die Stimmung der Anleger schwankt zwischen Angst (Verkaufsdruck) und Gier (Kaufinteresse), was die Marktvolatilität beeinflusst.

Kontrarian-Ansatz : Kontrarian-Investoren können extreme Marktstimmungen ausnutzen, um Kauf- oder Verkaufsgelegenheiten zu erkennen.

Integration technischer Analysen in Marktnachrichten

Ganzheitlicher Ansatz : Die Kombination der technischen Analyse mit der

Fundamentalanalyse (einschließlich Marktnachrichten) bietet einen umfassenden Überblick über Aktienbewegungen.

Bestätigung : Technische Muster oder Indikatoren können Marktnachrichten bestätigen oder ihnen widersprechen und so Anlageentscheidungen leiten.

Die Kunst des Lesens von Aktiencharts und der Interpretation von Markttrends zu beherrschen, befähigt Anleger, fundierte Entscheidungen an der Börse zu treffen . Durch das Verstehen von technischen Analysetools, das Identifizieren wichtiger Unterstützungs- und Widerstandsniveaus, das Erkennen von Chartmustern und das effektive Interpretieren von Marktnachrichten können Anleger ihre Fähigkeit verbessern, Preisbewegungen vorherzusehen und Risiken zu managen. Die kontinuierliche Verfeinerung Ihrer technischen Analysefähigkeiten, das Auf dem Laufenden bleiben über Marktentwicklungen und die Beibehaltung eines disziplinierten Anlageansatzes werden dazu beitragen, Ihre langfristigen finanziellen Ziele zu erreichen. Egal, ob Sie ein unerfahrener Anleger oder ein erfahrener Händler sind, die Integration der technischen Analyse mit einem gründlichen Verständnis der Marktnachrichten bietet einen strategischen Vorteil, um die Komplexität der Börse mit Zuversicht und Klarheit zu meistern.

TEIL IV:

FORTGESCHRITTENE ANLAGESTRATEGIEN

12. DIVERSIFIKATION UND VERMÖGENSALLOKATION

AUSBALANCIEREN IHRES PORTFOLIOS

Diversifikation und Vermögensallokation sind grundlegende Prinzipien der Anlagestrategie, die auf die Steuerung von Risiken und die Optimierung von Erträgen abzielen. In diesem Abschnitt werden die Konzepte der Diversifikation, der Portfolioausgewogenheit und der

Risikominderung durch strategische Vermögensallokation behandelt.

Diversifikation erklärt

Bei der Diversifizierung werden Investitionen auf verschiedene Anlageklassen, Branchen, Sektoren und geografische Regionen verteilt, um die Auswirkungen der Volatilität einzelner Investitionen zu verringern. Ziel ist es, das Risiko zu minimieren und möglicherweise die Gesamtperformance des Portfolios zu verbessern, indem man nicht zu stark von der Performance einer einzelnen Investition abhängig ist.

Vorteile der Diversifikation

Risikominderung : Durch die Diversifizierung auf unterschiedliche Vermögenswerte verringert sich das Risiko erheblicher Verluste aus einer einzelnen Investition.

Potenzial für höhere Renditen : Durch die Investition in Vermögenswerte mit unterschiedlichen Risiko-Rendite-Profilen kann durch Diversifizierung die Gesamtrendite eines Portfolios gesteigert werden.

Glättung der Volatilität : Die Entwicklung von Vermögenswerten kann unter verschiedenen Marktbedingungen unterschiedlich sein. Dadurch werden Portfolioschwankungen ausgeglichen.

Strategien zur Diversifizierung

Anlageklassen: Verteilen Sie Ihre Investitionen auf Aktien, Anleihen, Zahlungsmitteläquivalente, Immobilien und alternative Anlagen (z. B. Rohstoffe, Kryptowährungen).

Branchen- und Sektorallokation : Verteilen Sie Ihre Investitionen auf verschiedene Branchen (z. B. Technologie, Gesundheitswesen, Finanzen), um die Anfälligkeit für sektorspezifische Risiken zu verringern.

Geografische Diversifizierung : Investieren Sie in Märkte in verschiedenen Ländern oder Regionen, um die Auswirkungen geopolitischer Ereignisse oder wirtschaftlicher Abschwünge in einer Region zu verringern.

Ausbalancieren Ihres Portfolios

Beim Ausbalancieren eines Portfolios werden die Vermögensallokationen so angepasst, dass sie den Anlagezielen, der Risikobereitschaft und den Marktbedingungen entsprechen. Ein ausgewogenes Portfolio enthält in der Regel eine Mischung von Vermögenswerten, die zusammenwirken, um ein langfristiges Wachstum bei gleichzeitiger Risikokontrolle zu erzielen.

Schritte zum Ausgleich Ihres Portfolios

Anlageziele definieren: Bestimmen Sie Ihre finanziellen Ziele, beispielsweise Wachstum, Einkommen oder Kapitalerhaltung.

Bewerten Sie die Risikotoleranz : Bewerten Sie Ihre Bereitschaft und Fähigkeit, Schwankungen im Portfoliowert zu tolerieren.

Vermögenswerte zuweisen : Weisen Sie Vermögenswerte auf der Grundlage Ihrer Ziele und Ihrer Risikobereitschaft zu und berücksichtigen Sie dabei die erwartete Rendite und Volatilität jeder Anlageklasse.

Portfolio-Neugewichtung

Regelmäßige Überprüfung : Überprüfen und balancieren Sie Ihr Portfolio regelmäßig aus, um die gewünschte Vermögensaufteilung beizubehalten.

Auslöseereignisse : Neugewichtung nach erheblichen Marktbewegungen, Änderungen der finanziellen Lage oder Verschiebungen der Anlageziele.

RISIKOMINDERUNG DURCH DIVERSIFIKATION

Diversifikation trägt dazu bei, das Anlagerisiko zu reduzieren, indem die Vermögenswerte auf verschiedene Anlagen verteilt werden, die unterschiedlich auf die Marktbedingungen reagieren. So werden verschiedene Arten von Risiken gemildert:

1. Marktrisiko

Marktschwankungen: Verschiedene Vermögenswerte wie Aktien, Anleihen und Immobilien können unterschiedlich auf Marktbewegungen reagieren.

2. Unternehmensspezifisches Risiko

Einzelne Aktien: Durch die Diversifizierung auf mehrere Aktien aus unterschiedlichen

Branchen werden die Auswirkungen einer schlechten Performance eines einzelnen Unternehmens verringert.

3. Branchenrisiko

Branchenrisiko: Durch die Verteilung der Investitionen auf verschiedene Sektoren wird das Risiko branchenspezifischer Risiken verringert.

4. Geopolitisches und wirtschaftliches Risiko

Globales Engagement : Durch Investitionen in internationale Märkte verringert sich die Abhängigkeit von der wirtschaftlichen und politischen Stabilität eines einzelnen Landes.

Implementierung von Asset-Allocation-Strategien

1. Strategische Vermögensallokation

Langfristige Strategie : Legen Sie Zielallokationen für verschiedene Anlageklassen basierend auf Anlagezielen und Risikotoleranz fest.

Regelmäßiges Rebalancing : Passen Sie die Portfoliogewichte regelmäßig an, um die Zielallokationen trotz Marktschwankungen beizubehalten.

2. Taktische Vermögensallokation

Kurzfristige Anpassungen : Nehmen Sie kurzfristige Änderungen an der Vermögensallokation auf der Grundlage der kurzfristigen Marktaussichten oder der wirtschaftlichen Lage vor.

3. Dynamische Vermögensallokation

Flexibilität: Passen Sie die Zuteilungen dynamisch an sich ändernde Marktbedingungen oder Investitionsmöglichkeiten an.

Diversifizierung und Vermögensallokation sind integraler Bestandteil des Aufbaus eines widerstandsfähigen Anlageportfolios, das Risiko und Rendite im Gleichgewicht hält. Durch die Streuung der Investitionen auf verschiedene Anlageklassen, Branchen und geografische Regionen können Anleger das Risiko mindern und das Potenzial für langfristiges Wachstum steigern. Beim Ausbalancieren eines Portfolios müssen die Vermögensallokationen an den Anlagezielen ausgerichtet und regelmäßig angepasst werden, um das gewünschte Risikoniveau beizubehalten. Durch strategische Vermögensallokation und disziplinierte Neugewichtung können Anleger Marktschwankungen bewältigen, die Anfälligkeit für bestimmte Risiken verringern und ihre finanziellen Ziele mit größerer Zuversicht und Stabilität erreichen. Die Einbeziehung dieser Prinzipien in Ihre Anlagestrategie fördert ein diversifiziertes Portfolio, das Marktvolatilität standhält und Sie für eine nachhaltige Vermögensbildung im Laufe der Zeit positioniert.

13. INVESTMENTFONDS UND ETFS VERSTEHEN

VORTEILE UND NACHTEILE

Investmentfonds und börsengehandelte Fonds (ETFs) sind beliebte Anlageinstrumente, die das Geld von Anlegern bündeln und in diversifizierte Wertpapierportfolios investieren. In diesem Abschnitt werden die Grundlagen von Investmentfonds und ETFs, ihre Vor- und Nachteile und die effiziente Anlage in diese Fonds erläutert.

Investmentfonds und ETFs erklärt

Investmentfonds

Investmentfonds sind professionell verwaltete Anlagefonds, die Gelder mehrerer Anleger bündeln, um Wertpapiere wie Aktien, Anleihen oder eine Kombination aus beidem zu kaufen. Anleger kaufen Anteile am Investmentfonds und der Fondsmanager verteilt die gebündelten Mittel entsprechend den Anlagezielen des Fonds.

Diversifikation : Ermöglicht Diversifikation durch Investitionen in ein breites Spektrum an Wertpapieren, wodurch das individuelle Anlagerisiko reduziert wird.

Professionelles Management : Verwaltet von erfahrenen Portfoliomanagern, die Anlageentscheidungen auf der Grundlage der Fondsziele und der Marktbedingungen treffen.

Liquidität : Anleger können am Ende eines jeden Handelstages Investmentfondsanteile auf Grundlage des Nettoinventarwerts (NAV) des Fonds kaufen oder verkaufen.

Börsengehandelte Fonds (ETFs)

ETFs ähneln Investmentfonds, werden aber wie einzelne Aktien an der Börse gehandelt. Sie repräsentieren Wertpapierkörbe (z. B. Aktien, Anleihen, Rohstoffe) und zielen darauf ab, die Performance eines bestimmten Index oder einer bestimmten Anlageklasse nachzubilden.

Marktfähigkeit : ETF-Anteile werden den ganzen Handelstag über zu Marktpreisen gekauft und verkauft, was den Anlegern Flexibilität beim Eingehen und Verlassen von Positionen bietet.

Transparenz : Die ETF-Bestände werden täglich offengelegt, sodass Anleger die dem Fonds zugrunde liegenden Vermögenswerte und deren Gewichtung einsehen können.

Vorteile und Nachteile

Vorteile von Investmentfonds und ETFs

Diversifikation : Sowohl Investmentfonds als auch ETFs bieten eine Diversifikation über mehrere Wertpapiere hinweg und reduzieren so das individuelle Anlagerisiko.

Professionelles Management : Profitieren Sie vom professionellen Management und der Expertise von Fondsmanagern oder Indexanbietern.

Zugänglichkeit : Einfacher Zugriff über Maklerkonten oder Anlageplattformen, sodass Anleger jeder Größenordnung teilnehmen können.

Kostengünstig : Viele ETFs weisen im Vergleich zu aktiv verwalteten Investmentfonds niedrigere Kostenquoten auf, was die Gesamtanlagekosten senkt.

Liquidität : Investmentfonds und ETFs können täglich gekauft oder verkauft werden, was Anlegern Liquidität und Flexibilität bietet.

Nachteile von Investmentfonds und ETFs

Gebühren : Für einige Investmentfonds und ETFs können Verwaltungsgebühren, Ausgabeaufschläge (Provisionen) oder andere Kosten anfallen, die sich auf die Rendite auswirken können.

Passives vs. aktives Management : Aktiv verwaltete Investmentfonds können höhere Gebühren haben und möglicherweise nicht konstant eine bessere Performance als der Markt erzielen.

Marktrisiko : Sowohl Investmentfonds als auch ETFs unterliegen dem Marktrisiko und Marktschwankungen können ihre Performance beeinträchtigen.

Tracking Error (ETFs) : Aufgrund von Faktoren wie Gebühren, Handelskosten und Marktvolatilität kann es vorkommen, dass ETFs ihren zugrunde liegenden Index nicht perfekt abbilden.

SO INVESTIEREN SIE IN FONDS

Schritte zur Investition in Investmentfonds und ETFs

Anlageziele definieren : Bestimmen Sie Ihre finanziellen Ziele, Ihre Risikobereitschaft und Ihren Anlagezeitraum.

Recherche und Auswahl :

Anlageziele : Wählen Sie Fonds, die Ihren Anlagezielen entsprechen (z. B. Wachstum, Einkommen, ausgewogen).

Leistung : Bewerten Sie die historische Leistung, Risikokennzahlen (z. B. Standardabweichung) und Gebühren.

Fondsmanager : Bewerten Sie die Erfolgsbilanz und Erfahrung des Fondsmanagers (bei Investmentfonds).

Fonds auswählen :

Anlageklasse : Entscheiden Sie, ob Sie in Aktien, Anleihen, Rohstoffe oder einen Mix aus Anlageklassen investieren möchten.

Diversifizierung : Erwägen Sie Fonds, die eine breite Abdeckung verschiedener Sektoren, Branchen oder geografischer Regionen bieten.

Risikoprofil : Passen Sie das Risikoprofil des Fonds an Ihre Risikobereitschaft und Ihre Anlageziele an.

Eröffnung eines Kontos :

Maklerkonto : Eröffnen Sie ein Maklerkonto, falls Sie noch keines haben, damit Sie Investmentfonds und ETFs kaufen und verkaufen können.

IRA oder 401(k) : Erwägen Sie steuerbegünstigte Konten wie Individual Retirement Accounts (IRAs) oder vom Arbeitgeber gesponserte 401(k)-Pläne für langfristiges Sparen.

Investitionen tätigen :

Kaufen : Platzieren Sie Kaufaufträge für Investmentfondsanteile oder ETF-Anteile über Ihr Broker-Konto.

Mindestinvestitionen : Einige Fonds haben möglicherweise Mindestinvestitionsanforderungen. Stellen Sie daher sicher, dass Sie diese Kriterien erfüllen.

Überwachung und Neugewichtung :

Regelmäßige Überprüfung : Überwachen Sie die Fondsperformance, Gebühren und Änderungen Ihrer finanziellen Situation oder Ihrer Anlageziele.

Neugewichtung : Passen Sie Ihr Portfolio regelmäßig an, um die gewünschte Vermögensaufteilung beizubehalten oder Änderungen der Marktbedingungen zu berücksichtigen.

Investmentfonds und ETFs bieten Anlegern, die in verschiedene Anlageklassen und Marktsegmente investieren möchten, zugängliche und diversifizierte Anlagemöglichkeiten. Wenn Anleger ihre Struktur, Vorteile und potenziellen Nachteile verstehen, können sie fundierte Entscheidungen treffen, die ihren finanziellen Zielen und ihrer Risikobereitschaft entsprechen. Unabhängig davon, ob Sie den aktiven Managementansatz von Investmentfonds oder die Transparenz und Flexibilität von ETFs bevorzugen, kann die Integration dieser Anlageinstrumente in ein gut diversifiziertes Portfolio dazu beitragen, Risiken zu managen und langfristige Renditen zu optimieren. Überwachen Sie Ihre Anlagen kontinuierlich, bleiben Sie über Markttrends informiert und passen Sie Ihr Portfolio bei Bedarf an sich ändernde wirtschaftliche Bedingungen und persönliche Finanzziele an. Durch diszipliniertes Investieren und strategische Fondsauswahl können Investmentfonds und ETFs eine wichtige Rolle dabei spielen, finanziellen Erfolg zu erzielen und im Laufe der Zeit Vermögen aufzubauen.

14. EINFÜHRUNG IN KRYPTOWÄHRUNG

WAS IST KRYPTOWÄHRUNG?

Kryptowährungen haben sich zu einer revolutionären digitalen Anlageklasse entwickelt, die die Aufmerksamkeit von Investoren, Technikern und der breiten Öffentlichkeit gleichermaßen auf sich gezogen hat. Dieser Abschnitt bietet eine Einführung in Kryptowährungen und behandelt, was sie sind, die zugrunde liegende Technologie sowie die Risiken und Chancen, die mit Investitionen in dieses neue Finanzgebiet verbunden sind.

Was ist Kryptowährung?

Kryptowährung ist eine Art digitale oder virtuelle Währung, die Kryptografie zur Sicherheit verwendet. Im Gegensatz zu traditionellen, von Regierungen ausgegebenen Währungen (Fiat-Währungen) funktionieren Kryptowährungen in dezentralen Netzwerken, die auf Blockchain-Technologie basieren. Hier sind die wichtigsten Merkmale:

Dezentralisierung : Kryptowährungen sind typischerweise dezentralisiert und basieren auf Distributed-Ledger-Technologien wie der Blockchain, die alle Transaktionen in einem Computernetzwerk aufzeichnen.

Kryptografie : Verwendet kryptografische Techniken, um Transaktionen zu sichern, die Erstellung neuer Einheiten zu kontrollieren und die Übertragung von Vermögenswerten zu überprüfen.

Digitale Natur : Existiert rein digital und hat kein physisches Gegenstück wie Münzen oder Banknoten.

Peer-to-Peer-Transaktionen: Ermöglicht direkte Transaktionen zwischen Benutzern ohne die Notwendigkeit von Vermittlern wie Banken oder Zahlungsabwicklern.

RISIKEN UND CHANCEN

Risiken von Kryptowährungen

Volatilität : Die Preise von Kryptowährungen können sehr volatil sein und innerhalb kurzer Zeiträume erhebliche Preisschwankungen aufweisen.

Regulatorische Unsicherheit : Die regulatorischen Rahmenbedingungen für Kryptowährungen sind weltweit unterschiedlich, was zu Unsicherheit hinsichtlich des Rechtsstatus, der Besteuerung und der Einhaltung von Vorschriften führt.

Sicherheitsbedenken : Cybersicherheitsbedrohungen wie Hackerangriffe und Phishing-Angriffe stellen Risiken für Kryptowährungsbörsen und -Wallets dar.

Marktmanipulation : Der Markt für Kryptowährungen kann aufgrund seiner relativ geringen Größe und dezentralen Natur anfällig für Manipulationen sein.

Chancen der Kryptowährung

Dezentralisierung und finanzielle Inklusion : Kryptowährungen bieten Personen ohne oder mit nur unzureichendem Zugang zu Bankdienstleistungen einen finanziellen Zugang, insbesondere in Regionen mit eingeschränkter Bankinfrastruktur.

Innovation in der Blockchain-Technologie : Blockchain, die den Kryptowährungen zugrunde liegende Technologie, hat über den Finanzbereich hinaus breitere Anwendungsgebiete, darunter Lieferkettenmanagement , Wahlsysteme und dezentrale Finanzen (DeFi).

Investitionspotenzial : Einige Anleger betrachten Kryptowährungen als spekulative Investition mit dem Potenzial für hohe Renditen, die durch Akzeptanz, technologischen Fortschritt und Marktnachfrage getrieben werden.

Diversifikation : Kryptowährungen können Anlageportfolios über traditionelle Vermögenswerte wie Aktien, Anleihen und Rohstoffe hinaus diversifizieren.

So gehen Sie bei Investitionen in Kryptowährungen vor

1. Informieren Sie sich:

Technologie verstehen : Erfahren Sie mehr über die Blockchain-Technologie, Konsensmechanismen (z. B. Proof of Work,

Proof of Stake) und wichtige Kryptowährungen (z. B. Bitcoin, Ethereum).

Risikobewertung : Bewerten Sie Ihre Risikotoleranz und verstehen Sie die Volatilität und spekulative Natur von Investitionen in Kryptowährungen.

2. Wählen Sie eine sichere Plattform :

Kryptowährungsbörsen : Recherchieren und wählen Sie seriöse Kryptowährungsbörsen mit robusten Sicherheitsmaßnahmen und Einhaltung gesetzlicher Vorschriften aus.

Wallets : Bewahren Sie Kryptowährungen sicher in Wallets auf (Hot Wallets für häufigen Handel, Cold Wallets für die langfristige Speicherung), um sich vor Cyber-Bedrohungen zu schützen.

3. Investitionen diversifizieren:

Streuen Sie das Risiko: Diversifizieren Sie Ihre Investitionen über verschiedene Kryptowährungen, Anlageklassen und Anlagestrategien, um das Risiko zu mindern.

4. Bleiben Sie informiert:

Markttrends: Überwachen Sie Markttrends, Neuigkeiten und regulatorische Entwicklungen zu Kryptowährungen, die sich auf Preise und Marktstimmung auswirken können.

Technologische Fortschritte : Bleiben Sie über Fortschritte in der Blockchain-Technologie und neue Anwendungen im Ökosystem der Kryptowährungen auf dem Laufenden.

Kryptowährungen stellen einen dynamischen und sich entwickelnden Sektor der globalen Finanzlandschaft dar , der Investoren neben inhärenten Risiken auch potenzielle Chancen bietet. Wenn Sie die Welt der Kryptowährungen erkunden, ist es für fundierte Anlageentscheidungen entscheidend, ihre Technologie, Risiken und Chancen zu verstehen. Egal, ob Sie von der Dezentralisierung des Finanzwesens fasziniert sind, sich für das Potenzial der Blockchain-Technologie interessieren oder eine Diversifizierung Ihres Anlageportfolios anstreben, ein sachkundiger und vorsichtiger Umgang mit Kryptowährungen kann Ihnen dabei helfen, diese aufstrebende Anlageklasse effektiv zu steuern. Indem Sie auf dem Laufenden bleiben, bewährte Praktiken für Sicherheit und Risikomanagement anwenden und Investitionen an Ihren finanziellen Zielen und Ihrer Risikobereitschaft ausrichten, können Sie sich so positionieren, dass Sie die Chancen nutzen und gleichzeitig die mit Kryptowährungsinvestitionen verbundenen Risiken managen können.

TEIL V: GUTE FINANZGEWOHNHEITEN AUFBAUEN

15. ENTWICKLUNG EINES LANGFRISTIGEN INVESTITIONSPLANS

Die Entwicklung eines langfristigen Anlageplans ist für das Erreichen finanzieller Ziele und den Vermögensaufbau im Laufe der Zeit unerlässlich. In diesem Abschnitt werden die Schritte zur Erstellung einer umfassenden Anlagestrategie beschrieben, einschließlich der Festlegung von Meilensteinen sowie der regelmäßigen Überprüfung und Anpassung Ihres Plans, um auf Kurs zu bleiben.

MEILENSTEINE SETZEN

Das Setzen von Meilensteinen ist entscheidend, um Ihre finanziellen Ziele zu definieren und Ihren Fortschritt bei der Erreichung dieser Ziele zu messen. Meilensteine sorgen für Klarheit und Motivation bei der Arbeit an langfristigen Anlagezielen.

1. Finanzielle Ziele festlegen

Kurzfristige Ziele : Ziele, die Sie in den nächsten ein bis drei Jahren erreichen möchten, z. B. das Sparen für eine Anzahlung oder die Finanzierung eines Urlaubs.

Langfristige Ziele : Ziele, die sich über 5–10 Jahre oder mehr erstrecken, wie z. B. die Altersvorsorge, die Finanzierung der Ausbildung der Kinder oder der Aufbau eines umfangreichen Anlageportfolios.

2. Ziele quantifizieren

Spezifisch : Definieren Sie Ziele klar und deutlich und geben Sie den benötigten Geldbetrag und den Zeitrahmen für die Erreichung jedes Ziels an.

Messbar : Legen Sie quantifizierbare Ziele fest, um den Fortschritt zu verfolgen, z. B. das Sparen eines bestimmten Betrags pro Monat oder das Erreichen eines bestimmten Portfoliowerts.

3. Ziele priorisieren

Ordnen Sie Ziele nach Dringlichkeit und Wichtigkeit, um Ressourcen effektiv zuzuweisen.

4. Meilensteine festlegen

Ziele aufschlüsseln : Teilen Sie größere Ziele in kleinere, überschaubare Meilensteine auf, um den Fortschritt häufiger zu verfolgen.

Zeitplan : Legen Sie Fristen für das Erreichen jedes Meilensteins fest, um den Fokus und die Verantwortlichkeit aufrechtzuerhalten.

ÜBERPRÜFEN UND ANPASSEN IHRES PLANS

Durch regelmäßige Überprüfung und Anpassung Ihres Anlageplans stellen Sie sicher, dass er relevant bleibt und an Ihre sich ändernde finanzielle Situation, Marktbedingungen und Anlageziele angepasst ist.

1. Häufigkeit der Überprüfung

Jährliche Überprüfung : Führen Sie jährlich eine umfassende Überprüfung Ihres Investitionsplans durch, um den Fortschritt bei der Erreichung der Ziele zu bewerten und die Strategien nach Bedarf anzupassen.

Auslösende Ereignisse : Überprüfen Sie Ihren Plan nach bedeutenden Lebensereignissen (z. B. Heirat, Geburt eines Kindes, Berufswechsel) oder Veränderungen auf den Finanzmärkten.

2. Leistung bewerten

Zielerreichung : Messen Sie den Fortschritt in Richtung jedes Meilensteins und bewerten

Sie, ob die Ziele innerhalb des erwarteten Zeitrahmens erreicht werden.

Anlageperformance : Bewerten Sie die Performance Ihrer Anlagen im Vergleich zu Benchmarks und passen Sie die Zuteilungen bei Bedarf an, um die Rendite zu optimieren oder das Risiko zu steuern.

3. Strategien anpassen

Marktbedingungen: Berücksichtigen Sie wirtschaftliche Trends, Zinssätze und geopolitische Faktoren, die sich auf die Anlageperformance auswirken.

Risikotoleranz: Bewerten Sie Ihre Risikotoleranz im Laufe der Zeit neu und passen Sie die Vermögensallokation entsprechend an, um ein ausgewogenes Portfolio aufrechtzuerhalten.

4. Beratung durch einen Finanzberater

Professionelle Beratung: Lassen Sie sich von einem Finanzberater oder Anlageexperten Ihren Plan überprüfen, objektive Einblicke erhalten und Anpassungen basierend auf Ihren Zielen und Ihrem Risikoprofil empfehlen.

Umsetzung Ihres langfristigen Investitionsplans

1. Vermögensaufteilung

Diversifikation: Verteilen Sie Ihre Investitionen auf verschiedene Anlageklassen (Aktien, Anleihen, Immobilien usw.), um das Risiko zu streuen und die Rendite zu optimieren.

Risikomanagement: Gleichen Sie risikoreichere Investitionen mit konservativeren Optionen aus, basierend auf Ihrer Risikobereitschaft und Ihrem Anlagehorizont.

2. Anlagevehikel

Investmentfonds und ETFs: Wählen Sie Fonds, die Ihren Zielen und Ihrem Risikoprofil entsprechen, und berücksichtigen Sie dabei Faktoren wie Kostenquote, historische Performance und Fachwissen des Fondsmanagers.

Einzelne Aktien und Anleihen : Wählen Sie einzelne Wertpapiere auf der Grundlage von Fundamentalanalysen, Marktforschung und Diversifikationszielen aus.

3. Steuereffiziente Strategien

Nutzen Sie Altersvorsorgekonten (z. B. IRA, 401(k)) und andere steuereffiziente Anlagemöglichkeiten, um die Steuerschuld zu minimieren und die Ersparnisse zu maximieren.

4. Fortschritt überwachen

Überwachen Sie die Portfolio-Performance regelmäßig anhand von Anlageerklärungen, Online-Plattformen oder Finanz-Apps, um sicherzustellen, dass sie Ihren langfristigen Zielen entspricht.

Die Entwicklung eines langfristigen Anlageplans erfordert eine sorgfältige Abwägung der finanziellen Ziele, Meilensteine und Strategien zu deren Erreichung. Indem Sie klare Meilensteine festlegen, den Fortschritt regelmäßig überprüfen und Ihren Plan an veränderte Umstände und Marktbedingungen anpassen, können Sie ein robustes Anlageportfolio aufbauen, das Ihre finanziellen Ziele im Laufe der Zeit unterstützt. Ob Sie nun Ihren Ruhestand planen, Ihre Ausbildung finanzieren oder andere finanzielle Meilensteine erreichen, ein disziplinierter Anlageansatz, unterstützt durch laufende Bewertung und Anpassung, verbessert Ihre Fähigkeit, Konjunkturzyklen zu meistern und langfristigen finanziellen Erfolg zu erzielen. Indem Sie auf dem Laufenden bleiben, ein diversifiziertes Portfolio pflegen und bei Bedarf professionelle Beratung suchen, können Sie Ihre Anlageziele selbstbewusst verfolgen und Vermögen für die Zukunft aufbauen.

16. INFORMIERT UND WEITERGEBILDET BLEIBEN

Um erfolgreich zu investieren und sich in den komplexen Finanzmärkten zurechtzufinden, ist es entscheidend, informiert und informiert zu bleiben. In diesem Abschnitt werden effektive Strategien für kontinuierliches Lernen, den Zugriff auf Ressourcen und das Auf dem Laufenden bleiben über Markttrends untersucht, um fundierte Anlageentscheidungen treffen zu können.

RESSOURCEN FÜR KONTINUIERLICHES LERNEN

Kontinuierliches Lernen ist unerlässlich, um das Wissen zu erweitern, neue Anlagemöglichkeiten zu verstehen und über Branchenentwicklungen auf dem Laufenden zu bleiben . Nutzen Sie eine Vielzahl von Ressourcen, um Ihr Anlagewissen zu erweitern:

1. Bücher und Publikationen

Anlageklassiker : Entdecken Sie zeitlose Bücher zu Anlageprinzipien, wie etwa „Der intelligente Anleger" von Benjamin Graham oder „A Random Walk Down Wall Street" von Burton Malkiel.

Finanzpublikationen : Abonnieren Sie Finanzmagazine (z. B. Forbes, The

Economist) und Fachzeitschriften, um Einblicke in Markttrends und Expertenanalysen zu erhalten.

2. Online-Kurse und Webinare

Bildungsplattformen: Melden Sie sich für Online-Kurse an, die von Plattformen wie Coursera, Udemy oder Khan Academy angeboten werden und sich auf Finanzen, Wirtschaft und Anlagestrategien konzentrieren.

Webinare : Nehmen Sie an Webinaren teil, die von Finanzexperten, Vermögensverwaltern oder Branchenorganisationen veranstaltet werden, um Updates und Einblicke in Echtzeit zu erhalten.

3. Finanznachrichten und Websites

Nachrichtenagenturen : Folgen Sie seriösen Finanznachrichten-Websites (z. B. Bloomberg, CNBC, Financial Times), um aktuelle Nachrichten, Marktaktualisierungen und ausführliche Analysen zu erhalten.

Investment-Blogs : Lesen Sie Blogs von Finanzexperten, Ökonomen oder Anlagestrategen, um unterschiedliche Perspektiven und aktuelle Kommentare zu erhalten.

4. Berufliche Zertifizierungen

Certified Financial Planner (CFP): Absolvieren Sie professionelle Zertifizierungen wie den CFP, um Ihr Wissen in den Bereichen Finanzplanung, Anlagestrategien und Kundenberatung zu vertiefen.

Chartered Financial Analyst (CFA): Erwägen Sie das CFA-Programm, wenn Sie fundierte Kenntnisse in den Bereichen Anlageanalyse, Portfoliomanagement und ethische Standards erwerben möchten.

MARKTTRENDS VERFOLGEN

Die Beobachtung von Markttrends ist für das Treffen fundierter Anlageentscheidungen und die Anpassung von Strategien an sich ändernde wirtschaftliche Bedingungen und Finanzlandschaften von entscheidender Bedeutung:

1. Ökonomische Indikatoren

Verfolgen Sie Wirtschaftsindikatoren wie BIP-Wachstum, Arbeitslosenquoten, Inflation und Zinssätze, um die allgemeinere wirtschaftliche Gesundheit und mögliche

Auswirkungen auf Investitionen zu beurteilen.

2. Sektor- und Branchenanalyse

Branchenleistung : Analysieren Sie Leistungstrends und Prognosen für bestimmte Branchen (z. B. Technologie, Gesundheitswesen, Energie), um neue Chancen oder potenzielle Risiken zu erkennen.

Branchenberichte : Greifen Sie auf Branchenberichte und Analysen von Forschungsunternehmen oder Finanzinstituten zu, um branchenspezifische Dynamiken und Investitionsaussichten zu verstehen.

3. Globale Märkte

Bleiben Sie über geopolitische Ereignisse, Handelspolitik und globale Markttrends informiert, die sich auf internationale Investitionen und die globale wirtschaftliche Stabilität auswirken.

4. Technologische Innovationen

Beobachten Sie technologische Fortschritte (z. B. Blockchain, künstliche Intelligenz) und deren Auswirkungen auf Branchen, Märkte und Investitionsmöglichkeiten.

Indem sie informiert und informiert bleiben, können Anleger fundierte Entscheidungen treffen, die Marktvolatilität meistern und Anlagechancen nutzen. Durch die Nutzung vielfältiger Ressourcen für kontinuierliches Lernen, darunter Bücher, Online-Kurse, Finanznachrichten und professionelle

Zertifizierungen, können Anleger ihre Wissensbasis erweitern und ihre Anlagekompetenz verbessern. Darüber hinaus können Anleger durch das aktive Verfolgen von Markttrends, Wirtschaftsindikatoren und technologischen Entwicklungen Strategien anpassen, neue Chancen erkennen und Risiken effektiv managen. Egal, ob Sie ein erfahrener Anleger oder ein Neuling auf den Finanzmärkten sind: Wenn Sie der kontinuierlichen Weiterbildung und dem Informiertbleiben Priorität einräumen, sind Sie in der Lage, langfristigen finanziellen Erfolg zu erzielen und die Komplexität der heutigen globalen Wirtschaft mit Zuversicht zu meistern. Wenn Sie sich zu kontinuierlichem Lernen und fundierten Entscheidungen verpflichten, fördert dies Ihre Belastbarkeit, Anpassungsfähigkeit und Ihr strategisches Wachstum bei Ihren Investitionen.

TEIL VI: ANWENDUNGEN AUS DER PRAXIS UND FALLSTUDIEN

17. WOHLSTAND AUFBAUEN: DIE PERSPEKTIVE EINES TEENAGERS

Wenn man versteht, wie Teenager an den Vermögensaufbau herangehen, erhält man wertvolle Einblicke in praktische Tipps, Herausforderungen und Strategien, um Investitionen mit akademischen Verpflichtungen und persönlichen Verpflichtungen in Einklang zu bringen. In diesem Abschnitt werden praktische Ratschläge von Gleichaltrigen und Strategien zur Verwaltung von Investitionen neben der Schule und anderen Aktivitäten untersucht.

PRAKTISCHE TIPPS VON KOLLEGEN

Peer Insights bietet praktische Tipps und reale Strategien für Jugendliche, die sich in der Welt des Investierens und Vermögensaufbaus zurechtfinden möchten:

1. Klein anfangen

Spargewohnheiten : Entwickeln Sie disziplinierte Spargewohnheiten, indem Sie einen Teil Ihres Einkommens oder Ihrer Taschen für Investitionen zurücklegen.

Mikro-Investieren : Erkunden Sie Mikro-Investment-Plattformen oder Apps, die Kleininvestitionen in Aktien, ETFs oder Kryptowährungen ermöglichen.

2. Diversifikation und Risikomanagement

Diversifizieren Sie Ihre Investitionen : Verteilen Sie Ihre Investitionen auf verschiedene Anlageklassen (Aktien, Anleihen, ETFs), um das Risiko zu mindern und die Rendite zu optimieren.

Risikobewusstsein : Verstehen Sie die mit jeder Investition verbundenen Risiken und richten Sie Ihre Risikobereitschaft an Ihren Anlagezielen aus.

3. Bildung und kontinuierliches Lernen

Finanzielle Bildung : Lernen Sie vorrangig etwas über Finanzmärkte, Anlagegrundsätze und persönliche Finanzen durch Bücher, Online-Kurse oder Workshops.

Recherche : Führen Sie eine gründliche Recherche der Investitionsmöglichkeiten, Markttrends und Konjunkturindikatoren durch, bevor Sie Anlageentscheidungen treffen.

4. Langfristige Perspektive

Geduld und Disziplin : Verfolgen Sie einen langfristigen Anlageansatz, konzentrieren Sie sich auf den schrittweisen Vermögensaufbau und vermeiden Sie impulsive Entscheidungen aufgrund kurzfristiger Marktschwankungen.

Zielsetzung : Setzen Sie sich konkrete finanzielle Ziele, wie etwa das Sparen für das College, die Finanzierung eines zukünftigen Geschäftsvorhabens oder den Aufbau einer Altersvorsorge.

INVESTIEREN MIT SCHULE UND LEBEN IN EINKLANG BRINGEN

Um Investitionen mit akademischen Verpflichtungen und dem Privatleben in Einklang zu bringen, sind effektive Zeitmanagement- und Priorisierungsstrategien erforderlich:

1. Zeitmanagement

Priorisieren Sie das Studium: Planen Sie ausreichend Zeit für das Studium, das Erledigen von Aufgaben und die Teilnahme an außerschulischen Aktivitäten ein, während Sie gleichzeitig Ihre akademischen Leistungen aufrechterhalten.

Legen Sie Investitionszeiten fest: Planen Sie spezielle Zeiten für die Recherche von Investitionen, die Überwachung von Portfolios und die Information über Markttrends ein.

2. Unterstützungssysteme

Familie und Mentoring : Holen Sie sich Rat bei Eltern, Familienmitgliedern oder Mentoren, die Ihnen Ratschläge zu finanziellen Entscheidungen, Anlagestrategien und zur persönlichen Entwicklung geben können.

Peer-Netzwerke : Treten Sie Investmentclubs, Foren oder Gruppen mit an Finanzen interessierten Kollegen bei, um Erkenntnisse zu teilen, Ideen auszutauschen und bei Investitionsmöglichkeiten zusammenzuarbeiten.

3. Gesundes Gleichgewicht

Selbstfürsorge : Priorisieren Sie das körperliche und geistige Wohlbefinden, indem Sie Investitionsaktivitäten mit Hobbys, Bewegung und sozialen Interaktionen in Einklang bringen.

Auszeit : Machen Sie Pausen von der Finanzplanung, um neue Kraft zu tanken und eine gesunde Perspektive auf Vermögensaufbau und persönliche Ziele zu bewahren.

Um als Teenager Vermögen aufzubauen, müssen Sie praktische Tipps von Gleichaltrigen nutzen, Investitionen mit akademischen Verpflichtungen und dem

Privatleben in Einklang bringen und einen disziplinierten Ansatz für das Finanzmanagement entwickeln. Indem sie klein anfangen, Investitionen diversifizieren und kontinuierlichem Lernen Priorität einräumen, können Teenager wichtige Finanzkompetenzen entwickeln und den Grundstein für langfristigen finanziellen Erfolg legen. Ein effektives Zeitmanagement, die Suche nach Unterstützung durch Mentoren und Peer-Netzwerke und die Aufrechterhaltung eines gesunden Gleichgewichts zwischen akademischem Leben, Investitionen und persönlichen Interessen sind unerlässlich, um die Komplexität des Vermögensaufbaus in jungen Jahren zu meistern. Mit Entschlossenheit, Bildung und strategischer Planung können sich Teenager auf eine lohnende Reise in Richtung finanzielle Unabhängigkeit begeben und ihre Ziele erreichen, während sie gleichzeitig ein erfülltes akademisches und persönliches Leben genießen.

www.ingramcontent.com/pod-product-compliance
Lightning Source LLC
Chambersburg PA
CBHW071919210526
45479CB00002B/474